Beethoven
As muitas faces de um gênio

Proibida a reprodução total ou parcial em qualquer mídia
sem a autorização escrita da editora.
Os infratores estão sujeitos às penas da lei.

A Editora não é responsável pelo conteúdo deste livro.
O Autor conhece os fatos narrados, pelos quais é responsável,
assim como se responsabiliza pelos juízos emitidos.

Consulte nosso catálogo completo e últimos lançamentos em **www.editoracontexto.com.br**.

João Maurício Galindo
Romain Rolland

As muitas faces de um gênio

Beethoven e sua música *Copyright* © 2019
de João Maurício Galindo

Vida de Beethoven *Copyright* © da edição brasileira:
Editora Contexto (Editora Pinsky Ltda.)

Todos os direitos desta edição reservados à
Editora Contexto (Editora Pinsky Ltda.)

Capa
Thomás Coutinho

Ilustração de capa
Detalhe alterado do quadro de Joseph Karl Stieler de 1820

Diagramação
Gustavo S. Vilas Boas

Preparação de textos
Lilian Aquino e Mirelle Iano

Revisão
Bruno Rodrigues

Dados Internacionais de Catalogação na Publicação (CIP)

Galindo, João Maurício
Beethoven : as muitas faces de um gênio / João Maurício
Galindo e Romain Rolland. – São Paulo : Contexto, 2019.
208 p. : il.

ISBN: 978-85-520-0166-9

1. Beethoven, Ludwig van, 1770-1827 – Biografia
2. Compositores – Alemanha – Biografia
3. Música clássica – História I. Título II. Rolland, Romain

19-2004   CDD 780.092

Angélica Ilacqua CRB-8/7057

Índices para catálogo sistemático:
1. Compositores – Alemanha – Biografia

2019

EDITORA CONTEXTO
Diretor editorial: *Jaime Pinsky*

Rua Dr. José Elias, 520 – Alto da Lapa
05083-030 – São Paulo – SP
PABX: (11) 3832 5838
contexto@editoracontexto.com.br
www.editoracontexto.com.br

SUMÁRIO

Um gênio de 250 anos, 9
JAIME PINSKY

Beethoven e sua música, 15
JOÃO MAURÍCIO GALINDO

Por que Beethoven?, 17
Frustração e superação, 35
Mestres e influências, 51
Sinfonias, 67
Beethoven e sua produção menos notável, 93
Beethoven e a cultura popular: dois exemplos, 109
Um caminho até Beethoven, 125

Vida de Beethoven, 151
ROMAIN ROLLAND

Prefácio, 153
Beethoven, 157
Testamento de Heiligenstadt, 195
Notas, 199

Os autores, 207

Apresentação

Jaime Pinsky

UM GÊNIO
DE 250 ANOS

Beethoven, ao completar 250 anos, está mais vivo do que nunca. É difícil encontrar no mundo inteiro uma boa orquestra que nunca tenha executado alguma composição de sua autoria. Mas sua popularidade ultrapassa os limites dos apreciadores da música clássica. A *Ode à Alegria*, trecho coral de sua *Nona Sinfonia*, tornou-se o Hino da Comunidade Europeia. As quatro notas que abrem sua *Quinta Sinfonia* são conhecidas por todos, e a melodia de *Pour Elise* tornou-se até símbolo da presença do caminhão de gás.

Popular, mas nunca banal. Beethoven é uma espécie de sinônimo de música clássica. É o autor mais executado e mais amado. Qualquer responsável pela programação em qualquer sala de concertos do mundo inteiro sabe que basta providenciar a execução de uma de suas sinfonias ou concertos para lotar a sala.

Por outro lado, Beethoven não é vulgar ou fácil. Sua música representou um enorme avanço em todos os aspectos. Embora antes dele tivesse havido algumas tentativas esparsas, não é errado afirmar que sua produção foi um divisor de águas entre o classicismo e o romantismo. Mais que isso, Beethoven tirou a música dos luxuosos salões dos palácios e castelos e a conduziu para ambientes bem maiores: as salas de concerto. Deixou de escrever para os nobres e passou a escrever para a burguesia. Produziu música para ser ouvida com atenção, não para servir de fundo musical de conversas mundanas entre marqueses e viscondes. A melodia que produziu não era mais apenas para os ouvidos, mas também para o coração, o estômago e até o fígado. Em vez de distrair poucos, Beethoven queria emocionar multidões. Além disso, como explica brilhantemente o maestro João Maurício Galindo neste livro, com ele a música ganhou dignidade e os músicos, um *status* diferente. Deixaram de ser vistos como simples serviçais para serem considerados verdadeiros artistas (e, no caso de Beethoven, uma espécie de semideus). Sim, aos 250 anos Beethoven está mais vivo do que nunca.

Ao contrário de Mozart, gênio precoce (escreveu sua primeira sinfonia com 8 anos de idade!), Beethoven foi, durante muito tempo, mais conhecido como professor e virtuose de piano do que compositor. Ameaçado de surdez, provavelmente por conta de um acidente que teria afetado sua audição muito cedo (as versões para sua surdez são inúmeras, nenhuma comprovada, desde sequela de violência física do seu pai até contaminação por produtos químicos), Beethoven vai a uma cidadezinha tranquila (Heiligenstadt) para uma longa temporada de descanso em busca de cura para o seu mal. Não sara, é claro, sua surdez até piora, mas ele reflete bastante e volta para Viena com a determinação de criar uma obra imortal, revolucionária. É bom lembrar que em 1802 ele já não era mais criança. Em dezembro do ano anterior havia completado 31 anos. Mesmo assim teve coragem para declarar que tudo que produzira até então era insignificante. Exercício de modéstia? Não, pelo contrário, uma vez que prometeu a si e aos outros que, daquele momento em diante, só produziria "música de verdade". E, de fato, superou tudo o que tinha sido feito em música por quem quer que fosse.

Nos anos posteriores à sua promessa, escreveu e publicou, entre muitas outras maravilhas, as sinfonias 3, 5 e 6, o concerto de violino, os principais concertos de piano (inclusive o 5, chamado de *Imperador*) e muitas outras obras. Até então, discípulo de Haydn e influenciado pela obra de Mozart, Beethoven havia produzido música de boa qualidade, mas nada genial. A partir de 1802, até próximo de sua morte, em 1827, revoluciona o mundo da música.

Beethoven nasceu em 16 de dezembro de 1770. Durante 2020, seus 250 anos estarão sendo comemorados no mundo todo com ciclos de seus concertos, sinfonias, quartetos e demais obras. Nossa colaboração às festividades se dá com este livro escrito a quatro mãos por um conhecido maestro brasileiro, João Maurício Galindo, e um grande romancista francês, Romain Roland. Do "nosso maestro" haveria muito a se dizer, mas para este livro basta lembrar que Galindo realiza a proeza de retirar a casaca da música clássica sem despi-la de sua dignidade e grandeza. Seus comentários na Rádio Cultura FM, sob o título *Pergunte ao maestro*, são conhecidos por todos e firmaram a imagem do maestro acessível, despretensioso, preocupado em alcançar o ouvinte, não em ostentar erudição. Seu texto neste livro ("Beethoven e sua música") é claro, inteligente e permite uma leitura de qualidade tanto para iniciantes quanto para iniciados.

Ao lado do texto de Galindo, temos o orgulho de reproduzir um clássico, a obra de Romain Rolland denominada *Vida de Beethoven*. O leitor só terá a ganhar comparando os dois escritos, um produzido no início do século XX e outro feito especialmente para as comemorações de 250 anos de Beethoven. Nobel de literatura, Rolland morreu em 1941, mas ainda é muito conhecido, tanto por seu romance *Jean Christophe*, quanto por *Vida de Beethoven*, que faz parte desta publicação. O texto de Rolland, um clássico da biografia, mostra a paixão que o compositor despertava entre os europeus cultos. É um livro intenso, engajado, que revela um herói mitificado, mais que um compositor inspirado. De certa forma, Rolland refletia o espírito de uma época que considerava Beethoven mais do que um compositor genial. Ele era reverenciado como um misto de figura revolucionária e uma espécie de semideus que se dera ao luxo de baixar à Terra para o desfrute dos mortais... Os movimentos nacionalistas do século XIX, assim como a luta contra as monarquias, colocavam o compositor na linha de frente, como se, redivivo, ele se alinhasse a favor reivindicações deles...

Ao longo do século XX, Beethoven vai perdendo sua áurea de herói revolucionário, de crítico da nobreza e do autoritarismo dos grandes impérios, mas tem sua obra cada vez mais apreciada, mais tocada, mais usada. Puristas talvez se choquem com isso, mas os acordes poderosos de suas obras e a força característica de suas melodias se espalharam pelo mundo todo. Não por acaso temos visto execuções grandiosas de sua obra, como aquela, no Japão, em que um regente consegue apresentar sua *Nona Sinfonia* com o apoio de um coral de dez mil vozes...

O compositor, que lutou para libertar sua música dos salões da nobreza e colocá-la à disposição de todos que quisessem ouvi-la, deve estar satisfeito. Hoje ele é o compositor mais popular e mais querido. Bateu até aqueles outros criadores de melodias melosas, apelativas, que já foram a coqueluche de moças casadoiras da alta classe média... Nada como o tempo para consagrar os verdadeiros gênios.

Tanto Galindo quanto Romain Rolland nos situam Beethoven em seu tempo, em sua família, na sua relação com outros músicos, com mecenas, com o público, até com mulheres. Os textos tratam o compositor com amor, generosidade, mas também com verdade. Não endeusam o compositor, mostram suas idiossincrasias e fraquezas. É bom lembrar que Beethoven tinha uma clara consciência da importância e do significado de sua obra. Os autores nos apresentam um Beethoven com muitas facetas, desde um ser mitificado até um ser humano, de enormes dimensões, sem dúvida, mas um ser humano como qualquer um de nós. E é até por isso que amamos tanto Beethoven: pela humanidade que ele passa em cada linha escrita, em cada acorde produzido. Pela empatia que demonstra ter para com o próximo. Em Beethoven, nos reconhecemos. Através de sua música descobrimos o que há de melhor em nós.

Jaime Pinsky

Beethoven e sua música

João Maurício Galindo

POR QUE
BEETHOVEN?

ais de uma vez tive oportunidade de dizer que a música, durante muito tempo, foi considerada uma arte de segunda, ou mesmo de terceira categoria, se é que era mesmo considerada uma arte... As pessoas que me ouvem dizer isso, em cursos, palestras ou aulas que desenvolvo com plateias de gente apaixonada por música (ou pelo menos muito interessada no assunto), ficam bastante incomodadas com a afirmação. Mas será que exagero? Justo eu, maestro, que vivo a música e dela vivo, estaria menosprezando a atividade? Convido, então, o caro leitor a acompanhar-me na justificativa. Imagine que estamos no centro da Europa, no meio do século XVII, entre pessoas cultas. Se pedirmos a essas pessoas que citem uma importante e monumental obra literária, uma obra que terá sido fundamental no desenvolvimento da civilização ocidental, a resposta não apresentará nenhuma dificuldade. Todos terão imediatamente em mente, para citação, os textos de Homero, Virgílio, Horácio, entre muitos outros.

Se a pergunta estender-se a outras artes, como o teatro ou a arquitetura, haverá a mesma facilidade, com uma profusão de exemplos a serem citados. Mas quando chegamos à música, a coisa se complica. Não há exemplos!

Nesse ponto, algum leitor poderá protestar. Metade do século XVII? Pois, nessa altura, ele poderá citar, sim, grandes obras musicais, monumentais e de indiscutível valor artístico, como a *Messe de Notre Dame* (*Missa de Notre Dame*), de Guillaume de Machaut, ou a *Favola de Orfeo*, de Claudio Monteverdi, esta a primeira obra-prima operística da História. Sem dúvida, obras admiráveis. Contudo, nelas a música está simbioticamente ligada aos textos religioso e teatral, respectivamente. Esses textos determinaram a gênese sonora. Não é, portanto, música autônoma, como uma sinfonia de Beethoven. A música aqui não é sujeito, é objeto.

Assim foi durante séculos, com toda a música dos maiores artistas da Idade Média ao barroco, de Machaut a Monteverdi, passando por Palestrina, Victoria, Lasso e tantos outros. A música estava, invariavelmente e sempre, a serviço das outras artes.

UMA PLATAFORMA NECESSÁRIA

Qualquer pessoa sabe que se misturarmos tinta azul com amarela teremos verde; preto com branco, cinza; amarelo com vermelho, laranja. Isso é senso comum. Mas e se a pergunta for: uma nota mi com uma nota sol, se misturadas, resultam em quê? Aí a questão transforma-se num problema. Aqui, o senso comum não nos ajuda. Uma pessoa sem treinamento não consegue imaginar como resultaria essa combinação, e, mesmo se soubesse, não poderia explicar. Dizer que mi e sol formam uma terça menor – que é a resposta tecnicamente correta – não vai resolver a questão.

Os pigmentos sempre foram relativamente fáceis de se obter, extraídos de plantas ou de minerais. Quem conhece a cidade de Roussillon, na França, sabe que existe até mesmo argila azulada. A cor está no chão, pronta para ser recolhida! Dar nomes às cores e experimentar suas combinações nunca foi algo complicado, mas fazer o mesmo com os sons nunca foi simples. Levou-se muito tempo até surgir a ideia de isolar as notas musicais e dar nomes a elas. Antes, a matéria-prima musical não eram propriamente as notas, mas as melodias. Os mais antigos escritos musicais ocidentais que conhecemos, textos gregos datados da virada do v para o iv século antes de Cristo, tratam como matéria-prima não as notas, mas aquilo que hoje chamamos de escalas musicais, ou seja, sucessões de notas.

A pergunta feita anteriormente – "uma nota mi com uma nota sol, se misturadas..." – não diz respeito a melodias (ou seja, uma nota tocada depois da outra), mas a duas notas tocadas simultaneamente. Essa simultaneidade sonora não foi estudada na Antiguidade. Os músicos só lançaram-se à tarefa de especular sobre o assunto quando a Idade Média já ia bem avançada.

O leitor não precisa saber nada de música para compreender os exemplos que vêm a seguir. É só usar um pouco de imaginação.

> Dó com si, tocados ao mesmo tempo, geram um som estridente, áspero.
> Dó com ré, ainda áspero, mas não estridente.
> Dó com sol, um som neutro, oco.
> Dó com mi, um som redondo, doce.
> Dó com lá, um pouco menos doce, mas ainda assim redondo.
> E se combinarmos três notas ao mesmo tempo?
> Dó, mi, sol? Fá, lá, ré? Dó, ré, mi?
> E quatro ou cinco notas ao mesmo tempo?

Fac-símile do século XIV
de trecho da *Missa de Notre Dame*,
de Guillaume de Machaut.

É complicado! Se lembrarmos que, na cultura ocidental, há 12 notas, podemos imaginar que a quantidade de combinações é gigantesca. Pensar em duas, três ou quatro notas musicais soando simultaneamente e imaginar qual será o resultado demanda um treinamento árduo e longo. Um músico atual é treinado para isso e para tanto tem a sua disposição vários livros específicos. Esses livros, no entanto, só existem porque alguém muito tempo atrás se deu ao trabalho de estudar o assunto e catalogar suas conclusões. Na verdade, não se trata de "alguém", mas de um verdadeiro exército de dedicados especuladores que realizaram essa tarefa durante séculos, criando aquilo – talvez uma ciência – que muito mais tarde viria a ser conhecido por "harmonia".

Esse processo só atingiu seu primeiro e importantíssimo patamar no século XIV, com a *Missa de Notre Dame*, de Guillaume de Machaut, obra citada há pouco. Isso que eu chamo de "primeiro patamar" seria algo como a plataforma de lançamento para se alcançar uma estética musical até então totalmente inimaginável, sem a qual a grande música ocidental jamais teria existido. Os músicos medievais que levaram o conhecimento musical a esse ponto seguramente não tinham a menor ideia de quão fabuloso era o que estava para vir.

BÚSSOLA

Pausa para nos situarmos no espaço. Onde, exatamente, ocorreram esses avanços e quem os realizou?

O avanço da linguagem musical europeia se deu em mosteiros e nas cortes. Nestas surgiram diversas formas de canções e danças, formas de entretenimento cortesão que se tornaram

Michael Praetorius, compositor prolífico, escreveu muitas obras para a Igreja luterana, mas é conhecido também por ter reunido e publicado a *Terpsichore*, uma coleção de músicas de corte, em 1612.

cada vez mais apreciadas. Um músico alemão de nome Michael Praetorius publicou em 1612 uma obra intitulada *Terpsichore*, coleção de cerca de 300 danças instrumentais, a maioria francesas, utilizadas em festas de corte. Além disso, sobreviveram muitas centenas de coletâneas manuscritas de canções de trovadores, poetas compositores, muitos de origem nobre. A simples existência desse material mostra o importante papel que a música tinha nas cortes medievais.

Já nos mosteiros, os monges oravam e estudavam. Graças ao amor pelas atividades intelectuais e manuais, bem como à persistente prática de tudo registrar por escrito, devemos a eles a evolução de algumas das melhores coisas da civilização, como o vinho, a cerveja e a música. No caso dessa última, lhes é creditado o estudo das tais combinações sonoras.

Desde o início de sua evolução, vemos que a música europeia esteve ligada ao entretenimento e ao culto religioso – e talvez não seja à toa que o aqui citado Guillaume de Machaut tenha trabalhado por toda sua vida nesses dois ambientes. De qualquer forma, o ponto onde quero chegar é: a música, naquele mundo, não era feita para ser apreciada esteticamente, como fazemos hoje, em um concerto. Cantava-se, dançava-se, orava-se, com música. E mesmo que houvesse alguns – e certamente havia – que verdadeiramente apreciassem as combinações sonoras, não se deve esquecer que todo aquele repertório era criado com a finalidade de entreter ou de rezar. A música deveria manter-se forçosamente no trilho do ritmo ou da palavra.

Trovadores com seus instrumentos na corte de Afonso X, rei de Castela e Leão, em ilustração do códice das *Cantigas de Santa Maria*, do século XIII.

MÚSICA PURA

Hoje, quando vamos a uma sala de concertos ouvir a *Sétima Sinfonia* de Beethoven, um de seus *Quartetos Razumowsky* ou a *Sonata Hammerklavier*, estamos ouvindo aquilo que se convencionou chamar de "música pura". Na criação desses exemplos, o compositor não teve que adaptar o tecido sonoro a qualquer "trilho" extramusical. Durante a criação dessas obras, a mente de Beethoven ia especulando e escolhendo qual som, qual ritmo, qual intensidade, qual timbre, quais notas. Imaginava o som em sua mente e escrevia no pentagrama vazio os símbolos que a ele correspondiam. Graças ao trabalho prévio dos monges medievais e ao seu treinamento de juventude, Beethoven pôde trabalhar assim mesmo quando já estava completamente surdo.

O resultado eram obras totalmente abstratas, jogos de sons, que o público aficcionado podia apreciar com enlevo. Pagar para sentar e ouvir música pura era algo novo na história da humanidade, algo que, como já afirmei, um músico medieval jamais teria imaginado.

Trata-se de mais um patamar na cultura ocidental alcançado justamente por Beethoven. Será ele o primeiro a recusar-se tempestivamente a tocar para uma plateia de aristocratas caso não fizessem silêncio, o que vale dizer, caso não parassem para ouvir o que ele tinha a dizer – através de sua música.

Evidentemente, Beethoven não fez tudo sozinho. Machaut baseou-se em um formidável conhecimento acumulado pelos músicos medievais que o precederam, e com Beethoven não foi diferente.

Machaut faleceu em 1377. Logo depois começou na música ocidental mais um movimento inédito. Até o surgimento da Renascença, a voz humana era considerada o melhor meio de expressão musical, e os instrumentos subordinavam-se inteiramente a ela. A situação muda pouco a pouco, a começar com o surgimento da imprensa. Em 1465, logo depois da publicação da Bíblia de Gutenberg, surgem as primeiras partituras impressas – em pouco tempo ocorre um enorme aumento no número de partituras que circulam pela Europa. Em meio a esse movimento, começam a ser conhecidos os recém-criados tratados sobre a construção e execução de instrumentos musicais. A qualidade dos instrumentos cresce, a técnica instrumental torna-se mais apurada e, graças a isso, nasce um repertório totalmente novo, com obras escritas especificamente para conjuntos instrumentais, como grupos de flautas ou violas, ou instrumentos solistas, como o cravo ou o alaúde.

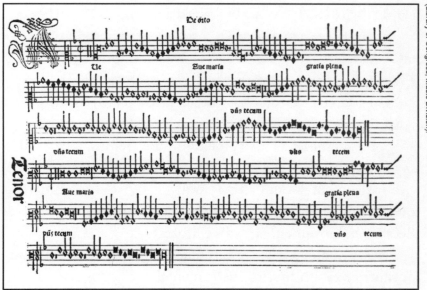

Página de partitura da *Harmonice Musices Odhecaton*, de 1504, feita pelo tipógrafo italiano Ottaviano Petrucci.

O surgimento desse repertório instrumental autônomo foi um dos passos mais importantes para o nascimento da música pura ou abstrata. Desse momento – por volta de 1500 – até o monumental marco que foi a *Terceira Sinfonia* de Beethoven, passaram-se 300 anos, em que diversos compositores prepararam-lhe o caminho.

Vale muito a pena conhecer alguns exemplos, e eu convido o leitor a ouvi-los, caso ainda não os conheçam.

Se pensarmos no cravo, são obrigatórios os nomes do inglês William Byrd (1540-1623), do francês François Couperin (1668-1733), do italiano Domenico Scarlatti (1685-1757) e, evidentemente, de seu contemporâneo germânico Johann Sebastian Bach (1685-1750).

Chegando à era em que o piano substitui o cravo, não podem ser esquecidos Carl Phillipp Emanuel Bach (1714-1788), Franz Joseph Haydn (1732-1809) e Wolfgang Amadeus Mozart (1756-1791).

Quando se trata de grupos instrumentais, um dos mais notáveis pioneiros foi o veneziano Giovanni Gabrieli (1557-1612) e suas geniais composições estereofônicas feitas para a catedral de São Marcos. Arcangelo Corelli (1653-1713) entra para a História como o criador do concerto grosso e aquele que deu ao violino o *status* de instrumento nobre. Temos, a partir dessa altura, uma enorme coleção de italianos que levaram a música instrumental a um altíssimo nível – Vivaldi, Sammartini, Boccherini – até chegarmos aos precursores imediatos de Beethoven, novamente Haydn e Mozart.

Nesse ponto, o leitor pode então perguntar: se tantos compositores fizeram música instrumental, pura, abstrata, de primeiro nível, qual foi exatamente a diferença feita por Beethoven? Por que foi "ele" quem chegou ao tal patamar há pouco citado?

MÚSICA E EMOÇÃO

A partir do século XVI, da Renascença até o Barroco, vários teóricos da música passaram a se dedicar à questão que hoje se convencionou chamar de "Teoria dos Afetos". Entre eles destacaram-se os italianos Gioseffo Zarlino (1517-1590), Vincenzo Galilei (1520-1591), o francês Marin Mersenne (1588-1648) e o alemão Johann Mattheson (1681-1764). Durante esse longo período, refletiu-se muito sobre como a música deveria produzir ou refletir emoções. Uma imensa quantidade de compositores mergulhou no assunto e produziu a maioria de suas obras a partir dessas teorias. Em pleno Barroco, acreditava-se que o principal objetivo de uma ária, fosse de ópera, cantata etc., era expressar com clareza e intensidade adequadas as emoções trazidas pelo texto a ser cantado. Diversos procedimentos e recursos técnicos foram catalogados com minúcia por esses compositores e teóricos. Por exemplo, duas notas separadas por um grande intervalo, como dó-lá ou ré-si, suscitariam alegria. Pequenos intervalos, como mi-fá ou si bemol-lá, seriam mais adequados para produzir tristeza. Passagens de fúria deveriam ser em ré menor, enquanto para uma aria de amor, a tonalidade de lá maior seria muito mais adequada. Se a música se referisse ao céu, as notas deveriam ir do grave para o agudo, se ao inferno, do agudo para o grave. Na música instrumental, a Teoria dos Afetos também era usada. Cada parte ou movimento de uma sonata ou concerto deveria ter um afeto claramente definido e perceptível.

Contudo, como sabemos, estilos artísticos vem e vão, e logo o "estilo dos afetos" seria substituído pelo "estilo galante". Os musicólogos, em geral, registram o ano de 1720 como aquele em que começam a surgir obras com estrutura bem mais simples:

rejeitam-se as complexas melodias entrelaçadas, típicas da música assim chamada contrapontística ou polifônica e simplificam-se a harmonia e a melodia. Do ponto de vista afetivo, nada de grandes emoções. Tudo muito agradável, ponderado e equilibrado. O estilo galante é em grande medida muito mais acessível a um público menos conhecedor de música do que o barroco que o precedeu. Não são poucos os que traçam uma analogia entre o estilo galante na música e o rococó nas artes plásticas, visto que em ambos algumas qualidades são amplamente apreciadas, como a elegância, o charme e a facilidade de compreensão.

Por volta de 1740, surge no norte da Alemanha aquele que é considerado por diversos musicólogos uma espécie de "dialeto" do estilo galante: o "estilo sensível", ou *empfindsamer Stil*, também conhecido como *Empfindsamkeit*. A emoção, tão adequadamente controlada na música galante, volta a se manifestar, mas não como acontecia no barroco, quando uma peça apresentava apenas um afeto. Agora agradava aos compositores apresentar sentimentos e, principalmente, claros contrastes emocionais dentro um movimento de sonata ou concerto, assim como em uma peça avulsa.

Em 1770, ainda na Alemanha, os sentimentos tornam-se extremados e os "claros contrastes emocionais" são substituídos por mudanças emocionais abruptas e às vezes até mesmo assustadoras. Nascia o "*Sturm und Drang*", expressão que pode ser traduzida por "Tempestade e Ímpeto". Aqui já não se pode falar mais de uma variante ou dialeto do estilo galante: já estamos entrando em terras românticas.

Os estilos galante, sensível e tempestuoso conviveram pacificamente por muito tempo. Cito dois exemplos dos maiores compositores do classicismo: Haydn e Mozart.

Franz Joseph Haydn escreveu 104 sinfonias. Ganhou o epíteto de "Pai da Sinfonia", embora não o seja realmente. Ele não criou o gênero, mas sem dúvida contribuiu muitíssimo para a sua evolução. A maioria delas tem caráter galante, com exceção de algumas poucas – menos de dez – compostas justamente entre 1760 e 1770. Estas acabaram por ganhar o apelido de "Sinfonias *Sturm und Drang*". Ao leitor que eventualmente não as conhece, fica a sugestão para ouvir uma delas, a de número 49, intitulada *La Passione*.

Wolfgang Amadeus Mozart é tido com um compositor "galante", mas que em determinadas obras faz uso de recursos emocionais extremos, tipicamente "tempestuosos". Como exemplo, sugiro a audição da cena final da ópera *Don Giovanni*, quando o protagonista é visitado pelo fantasma do comendador que havia assassinado.

Outros compositores, menos conhecidos, procederam de maneira semelhante, como Gluck, Salieri, Vanhal e Dittersdorf. A pergunta que continua no ar, suscitando o debate de acadêmicos e apreciadores de música em geral é: por que não saltaram para o romantismo? Por que não deram esse salto final que tão laboriosamente quanto inconscientemente vinha sendo preparado há séculos? Por que não alcançaram o patamar que finalmente convenceria toda a cultura ocidental de que a música poderia, sim, ser uma arte autônoma? Há muitas teorias a respeito, muitas das quais não invalidam outras. Não é nosso objetivo, aqui, entrar nessa discussão. O que importa a nós é saber que esse salto evitado por outros foi finalmente realizado no início do século XIX por Ludwig van Beethoven.

PAGÃOS

Durante séculos, a música foi ouvida apenas por aqueles que a faziam, ou por estes e alguns próximos, com quem conviviam. No máximo, por visitas. Assim era nas cortes, nos mosteiros e nas aldeias. Os primeiros espetáculos musicais para público pagante apareceram em Veneza só no ano de 1637. Não se tratavam de concertos, mas de óperas. De Veneza a ópera rapidamente se espalhou por toda a Itália e depois pela Europa.

Os concertos públicos começaram mais tarde, muito modestamente. A ideia não se tornou um rastilho de pólvora, como aconteceu com a ópera. Ao contrário, foi evoluindo mais devagar. A primeira experiência aconteceu em Londres, em 1672, quando um violinista conseguiu vender ingressos para apresentações em sua própria casa. A primeira série de concertos com real importância histórica aconteceu em Paris a partir de 1725 – quase um século depois das bem-sucedidas experiências operísticas em Veneza. Essa série em Paris chamava-se Concertos Espirituais e acontecia durante os períodos em que, por motivos religiosos, a ópera ficava fechada, como na quaresma. Apesar do nome, tocava-se muita música não religiosa. A série teve especial importância no desenvolvimento da sinfonia, e só por isso podemos ter uma ideia de sua relevância. Além disso, seu modelo, a compra antecipada de concertos, por assinatura, revelou-se um grande sucesso e é mantido até hoje.

Eu quero chamar a atenção do leitor para um ponto que talvez tenha passado despercebido: realizavam-se os concertos quando a ópera estava fechada. Até hoje, em todos os países de cultura ocidental, a ópera tem um público consideravelmente

Cartaz anunciando programa
do Concerto Espiritual
de 15 de agosto de 1754.

maior que os concertos. A música pura, abstrata, é mesmo mais difícil de ser assimilada, sendo a ópera e o balé muito mais palatáveis. Mozart, em Viena, procurava organizar eventos em seu próprio benefício, ou seja, vendendo assinaturas para concertos futuros em que executaria obras inéditas de sua autoria. Houve casos em que teve de cancelá-los por falta de quórum, tendo que devolver o dinheiro a quem já havia pagado.

Poucas décadas depois, após o surgimento das nove sinfonias de Beethoven, a situação era bem diversa. Salas de concerto proliferavam por toda a Europa e mesmo nas Américas. Era comum que tivessem, em suas fachadas, colunas e frontões gregos, pois eram consideradas templos. O público fiel que peregrinava de sala em sala era formado por adeptos de uma nova religião pagã que adorava a música pura. Seu pentateuco – ou deveríamos dizer "nonateuco"? – eram as sinfonias de Beethoven.

Continua sendo assim. Fundada no início do século XIX, essa religião de 200 anos de idade ainda tem muitos fiéis por todo o mundo. Há muito que eu lera sobre isso sem entender plenamente do que se tratava, porém tive a oportunidade de ir pela primeira vez a um dos três maiores templos da atualidade: o Concertgebouw, em Amsterdã. Foi quando, finalmente, constatei que essa religião realmente existe, não sendo uma simples fantasia de escritores melômanos. Em determinado momento, meus olhos desviaram-se da *Segunda Sinfonia* de Mahler e passaram a escutar aquele público que mal respirava e sequer ousava se encostar nas poltronas do teatro. Durante quase uma hora e meia olharam fixamente para a orquestra, quase imóveis, sem emitir qualquer som. Ouviram em comunhão os textos sagrados e em seguida foram embora, em paz. Certamente continuam fiéis às palavras que Beethoven disse a seus ouvintes aristocratas: "Ouçam-me em silêncio!"

Hoje essa religião – como tantas outras – tende a esmorecer, e os textos sagrados tendem ao esquecimento. Cada vez mais a música é tida como aquilo que sempre foi: uma protoarte que serve para preencher o silêncio, seja no rádio do carro, na balada, na TV ligada abandonada na sala de estar. A experiência de parar para ouvir com atenção uma música que estimule a fantasia e conte uma história que cada um imagina à sua maneira está se tornando cada vez mais rara.

O Concertgebouw de Amsterdã, inaugurado em 1888, é considerado hoje uma das três melhores salas de concerto do mundo, ao lado do Musikverein, em Viena, e da Symphony Hall, em Boston.

Uma vez um amigo – artista sensível – me perguntou com certa impaciência: "Para que serve uma música que não dá pra cantar nem pra dançar?" Eu respondi: "Vá ouvir Beethoven!", ao que ele retrucou: "Por que Beethoven?"

Por que Beethoven?

Ele próprio é quem pode lhe explicar, melhor do que ninguém!

FRUSTRAÇÃO
E SUPERAÇÃO

ohann van Beethoven tentou fazer com seu pequeno Ludwig o mesmo que Leopold Mozart fizera com Wolfgang Amadeus.

Ainda crianças, Wolfgang, com 3 anos, e sua irmã Nannerl, com 7, demonstraram talento musical absolutamente assombroso.

A palavra "assombroso" aqui não é uma hipérbole. Leopold ficou tão impactado que passou a crer sinceramente tratar-se de um "milagre que Deus tinha operado em Salzburgo", e que ele teria como missão trabalhar para levar adiante a educação musical de seus filhos da melhor maneira possível, mostrando a todo mundo este milagre, "para não se tornar perante Deus a mais ingrata das criaturas".

Essa "missão" concretizou-se em extensas turnês de concertos por diversos países europeus – Alemanha, Suíça, Países Baixos, Bélgica, Inglaterra, França. As apresentações deram-se tanto em locais públicos quanto em palácios aristocráticos. Na Áustria, os pequenos chegaram a apresentar-se para a imperatriz Maria Teresa.

As viagens eram muito longas. Em Paris, ficaram por cinco meses e em Londres, por mais de um ano. Wolfgang teve aulas com grandes compositores, como um dos filhos de Bach, Johann Christian, e compôs prolificamente durante todo o período em que viajou. Com apenas 8 anos escreveu sua primeira sinfonia, em Londres.

Mais tarde, Wolfgang, agora sem sua irmã, faria ainda três viagens à Itália, uma experiência que Leopold considerava de importância fundamental para sua formação.

O trabalho de Leopold foi muito eficiente, com as viagens produzindo uma razoável quantidade de dinheiro para a família, embora não o suficiente para uma efetiva mudança de padrão social. Mais importante que isso foi a marca indelével deixada por toda a Europa entre os amantes da música artística. Um mito fora criado e jamais seria esquecido.

Esse mito espalhou-se por todo o meio musical, chegando à família Beethoven. Johann van Beethoven passou então a planejar para seu filho Ludwig tudo o que Leopold havia feito com Wolfgang.

Mozart, com cerca de 6 anos, à esquerda, e 17 anos depois, ao cravo, com sua irmã Nannerl, também musicista, e o pai, Leopold, à direita, grande incentivador do talento dos filhos.

O pequeno Ludwig tinha também, sem dúvida, um talento incomum. Johann também era, como Leopold Mozart, músico profissional, mas a semelhança com este termina por aqui. Segundo muitos relatos da época, era violento com os filhos, e o pequeno Beethoven vivia com marcas no corpo, provenientes das agressões físicas que sofria. Era também alcoólatra, doença que se agravou mais e mais com o passar do tempo.

Quando Ludwig contava 18 anos de idade, seu pai já não tinha mais condições de sustentar a família. Sua mãe havia morrido e, com isso, o pai mergulhara mais fundo na bebida. Ludwig passou, então, a cuidar de seus dois irmãos, ambos mais novos. Ganhava algum dinheiro tocando viola na orquestra da corte de Bonn e conseguiu na justiça uma ordem para que metade do salário de seu pai fosse pago diretamente para ele.

A infância de Beethoven foi marcada pelo talento precoce, mas, diferente de Mozart, também pela falta de estrutura familiar.

João Maurício Galindo 37

Três anos mais tarde, deixa Bonn para estudar em Viena. Lá, logo após sua chegada, soube da morte de seu pai. Ludwig tinha deixado Bonn com o auxílio das autoridades locais, em especial o conde Waldstein, que era músico amador e generoso protetor das artes. Foi Waldstein quem arranjou para que Ludwig tivesse aulas com Joseph Haydn em Viena. Mozart acabara de falecer, com apenas 35 anos, e Haydn era a maior celebridade musical da Áustria e uma das maiores da Europa. Waldstein escreveu em um caderno de anotações de Beethoven: "Caro Beethoven! Você irá realizar um longamente esperado desejo... Com incessante empenho, receba o espírito de Mozart pelas mãos de Haydn."

Com efeito, já nos primeiros anos na capital imperial, espalhou-se pouco a pouco a ideia de que Beethoven seria o verdadeiro sucessor do gênio recém-falecido. Ciente disso, Beethoven passou a estudar as obras de Mozart e a compor num estilo próximo ao dele.

Nos anos seguintes, Beethoven tornou-se pouco a pouco conhecido e admirado. Estudava com os melhores mestres de Viena, era procurado com frequência para apresentar-se como pianista em salões aristocráticos, e conseguiu apoio financeiro de alguns membros da nobreza vienense, entre eles o barão Gottfried von Switen e o príncipe Karl Lichnowsky, que haviam sido patronos de Mozart. As primeiras edições de obras de sua autoria foram recebidas calorosamente, bem como o primeiro concerto público que realizou. Nos anos seguintes, os sucessos profissionais se sucederiam, mostrando a Beethoven um futuro muito promissor.

Contudo, estava próximo o momento em que Beethoven sofreria o maior choque de sua vida: a percepção de que estava

38 ❧ *Beethoven*

ficando surdo. A partir deste momento, Beethoven fez de tudo na tentativa de curar-se. Procurou vários médicos, que nada de concreto puderam fazer. Um deles recomendou-lhe passar uma temporada em um lugar tranquilo. Beethoven obedeceu, dirigindo-se para um vilarejo próximo a Viena chamado Heiligenstadt. Lá permaneceu durante todo o verão de 1802. Foi um período muito difícil, e em outubro, pouco antes de voltar, escreveu uma longa e sofrida carta a seus dois irmãos. Algumas passagens são extremamente tocantes, como o trecho em que ele diz finalmente admitir que é provável que a cura para seu mal não exista:

> [...] por seis anos, tem sido o meu estado terrível, agravado por médicos sem julgamento, enganado ano após ano, na esperança de melhora, e, por fim, diagnosticado com a perspectiva de um *dano duradouro* – cuja cura pode levar anos, se não for completamente impossível.

Beethoven também explica como seu temperamento, que nunca foi fácil, tornou-se ainda mais difícil:

> [...] homens, que me considerais ou me fazeis passar por rancoroso, louco ou misantropo, quão injusto sois comigo! Não sabeis o motivo secreto do que lhe pareceis ser assim! [...] como poderia ser possível para mim revelar a deficiência de um sentido que deveria ser mais perfeito em mim do que em outros, um sentido que eu possuí outrora com perfeição máxima, uma perfeição que sem dúvida poucos da minha arte antes tiveram! Oh!, eu não posso com isso! [...]

> [...] Perdoai-me, se me vierdes vivendo a distância, quando eu gostaria de me juntar convosco. Meu infortúnio é para mim duplamente doloroso, pois devo a ele o fato de não ser compreendido. [...]

À medida que a leitura do documento prossegue, vemos que, de uma carta, ele se torna um testamento, ao mesmo tempo que Beethoven traz à tona seus pensamentos suicidas:

> Vós, meus irmãos Carl e (Johann), assim que eu estiver morto, e se o professor Schmidt ainda viver, peço a ele que, em meu nome, descreva minha doença e a história da minha doença, e anexe com esta carta, para que depois da minha morte, pelo menos tanto quanto possível, o mundo se reconcilie comigo. Além disso, reconheço ambos como herdeiros da minha pequena fortuna – se é que podemos chamar assim. Divida-a lealmente entre vós, em comum acordo, e ajudai-vos um ao outro. O mal que me fizestes, já o sabeis, eu perdoei há muito tempo. A ti, irmão Carl, eu particularmente agradeço pelo apego que me devotaste nos últimos tempos. Meu desejo é que tenhais uma vida mais feliz e livre de preocupações do que a minha. Recomendai a vossos filhos a *Virtude*: só ela pode trazer felicidade, não o dinheiro. Falo por experiência. Foi ela que me sustentou em minha miséria; é a ela que devo, assim como à minha arte, não ter terminado com minha vida pelo suicídio.

> [...] com alegria voarei para encontrar a morte. Se isso acontecer antes de eu ter tido a oportunidade de desenvolver todas as minhas faculdades artísticas, apesar do meu duro destino, seria para mim muito cedo e eu gostaria de atrasá-la. Mas mesmo assim, estou feliz. Não me livrará ela de um estado de sofrimento sem fim? – Venha quando quiseres, irei corajosamente ao teu encontro.

Recorde-se que Beethoven, nessa data, tinha apenas 31 anos de idade e ainda não tinha composto suas principais sinfonias e concertos. Quatro dias depois, acrescentou o seguinte trecho ao "testamento":

Assim eu me despeço de ti, certamente com tristeza. – Sim, a cara esperança que eu guardei até aqui de ser curado, pelo menos até certo ponto, deve ser abandonada completamente. Como as folhas de outono, que murcham e caem, assim também ela secou para mim. Da mesma forma como vim, estou indo embora. Mesmo a imensa coragem, que muitas vezes me sustentou em belos dias do verão, desvaneceu. Providência, dê-me ao menos mais uma vez um dia de pura *alegria*! Faz tanto tempo que a profunda ressonância da verdadeira alegria é estranha para mim! Oh! Quando, oh!, quando, ó Divindade, ainda poderei sentir-me no Templo da Natureza e dos Homens? Nunca? Não! Oh!, seria muito cruel!

Beethoven não chegou a enviar esta carta a seus irmãos. Ela ficou entre seus papéis, e até onde se sabe, ele nunca a mostrou a ninguém. Foi encontrada poucos dias depois de sua morte, em março de 1827, e publicada em outubro do mesmo ano. Ficou conhecida como "Testamento de Heiligenstadt" e pode ser lida na íntegra no anexo final deste livro. O texto assustou muitos dos admiradores de Beethoven, que passaram a acreditar que o compositor chegou a considerar seriamente a hipótese de suicidar-se.

Casa onde Beethoven se hospedou em Heiligenstadt, cidade na qual escreveria seu famoso testamento. Hoje, o espaço abriga um museu.

"Como seria um mundo sem Beethoven?"

Até hoje a questão é colocada nesses termos, sendo dito com frequência que Beethoven quase se suicidou, mas felizmente conseguiu superar esse desejo. Não é isso, no entanto, o que uma leitura atenta e racional sugere. Em nenhum momento ele declara claramente que pensava ou havia pensado em pôr fim à sua vida. Beethoven certamente passou por um sofrimento psicológico atroz, e parece que, de certa forma, ao pôr em palavras seus sentimentos de desespero e desilusão, pôde enfim trabalhá-los, realizando assim o que ele realmente gostaria que acontecesse: "Ter a oportunidade de mostrar todas as minhas capacidades artísticas".

Com efeito, ao retornar a Viena, Beethoven produziu imediatamente uma verdadeira reviravolta em sua música.

HEROICO

Já em 1828, ou seja, um ano após a morte de Beethoven, os admiradores e estudiosos de sua produção artística passaram a dividi-la em três períodos. O primeiro deles vai de 1792, quando compôs sua primeira peça, ainda com 12 anos de idade, até 1802; o segundo período vai de 1802 a 1812; e o terceiro de 1812 até o final de sua vida, em 1827.

Dividir e rotular diferentes períodos da vida produtiva dos artistas por vezes é simplista e até grosseiro. Contudo, no caso específico de Beethoven, não deixa de ser um eficiente ponto de partida para a compreensão da evolução e importância de sua obra. Com todas as ressalvas que possam ser feitas, essa divisão acerta em cheio quando aponta o ano de 1802 como um marco da maior importância na vida artística do compositor.

Frontispício da *Terceira Sinfonia*, ou *Eroica*.
Na falha do manuscrito se encontrava a dedicatória,
rasurada, a Napoleão Bonaparte.

Logo após regressar a Viena, vindo de Heiligenstadt, Beethoven declara a seu amigo e aluno Carl Czerny: "Não estou satisfeito com o que fiz até agora. A partir desse momento vou tomar um novo caminho". Não foi uma decisão retórica. Logo, ele estaria empenhado em nada menos do que a *Terceira Sinfonia*, conhecida como *Eroica* (*Heroica*). Por esse motivo, por sinal, todo esse segundo período criativo de Beethoven passou a ser chamado de "período heroico". Beethoven começou a escrever a sinfonia em 1803 e a concluiu no ano seguinte. Até então, não se tinha notícia de alguém demorar tanto tempo para compor uma sinfonia.

A *Eroica* ultrapassou todos os limites estéticos até então conhecidos para uma obra do gênero. Dura mais de 50 minutos, sendo a mais longa sinfonia escrita até então, e manteve-se como a mais longa obra puramente instrumental de

Beethoven. Do ponto de vista emocional, é de uma intensidade gigantesca, além de tudo o que já havia sido experimentado. A música oscila continuamente do dramático ao épico, do delicado ao eufórico.

A estreia pública se deu em 7 de abril de 1805, no Theater an der Wien, e as primeiras reações foram muito variadas. Beethoven já tinha nesta altura de sua vida um grupo de apoiadores e admiradores fiéis que imediatamente elogiaram a sinfonia, considerando-a uma obra-prima. Muitos outros pensaram exatamente o contrário, condenando aquilo que consideravam exageros, como, por exemplo, as estranhas modulações e as ásperas passagens melódicas nos baixos. Os mais ponderados viam na obra muitos trechos de grande beleza, mas consideravam o resultado final desconjuntado e, sobretudo, muito longo, sobrecarregando a atenção até mesmo dos conhecedores.

Carl Czerny conta ter ouvido alguém na plateia dizer: "Eu pagaria mais um *Kreuzer* se eles parassem". Tratava-se, na verdade, de uma obra que ia muito além das possibilidades de escuta de uma plateia habituada com música para entretenimento, com o estilo galante agradável e equilibrado.

Até então uma sinfonia era outra coisa, diferente da *Eroica* que Beethoven apresentava agora ao público vienense. Aliás, os concertos naquele tempo eram muito diferentes dos de hoje, com a plateia sentindo-se à vontade para conversar durante a execução das obras e mesmo aplaudir entre os movimentos. Levar ao palco uma obra puramente instrumental de quase uma hora de duração e com uma intensidade dramática digna de uma peça de Shakespeare, esperando da audiência que, com uma atenção absoluta, a "lesse", como se estivesse diante de um texto como *Hamlet*, era algo impensável.

Beethoven tinha feito uma aposta. Não temos condição de assegurar qual o nível de consciência que o compositor tinha do significado histórico de sua aposta, mas ela foi alta, sem dúvida alguma.

O leitor se recorda da referência feita, no capítulo anterior às sinfonias *"Sturm und Drang"* de Joseph Haydn, compostas entre 1760 e 1770. Depois de escrever essas sinfonias que já apontavam para o romantismo, Haydn recuou e procurou outros caminhos, mais palatáveis. Finalizou sua produção com 12 sinfonias magníficas (as de número 93 a 104), expressamente escritas para o público das temporadas londrinas de 1791 e 1795. Essas obras foram um imenso sucesso, que levaram o compositor – já aclamado e respeitado em grande parte da Europa – a um êxito incomum à época. Aqui, Haydn também fez uma aposta, consciente, que era justamente o contrário da feita por Beethoven: conquistar o público de uma das mais importantes séries de concertos de seu tempo, fazer sucesso e ser bem remunerado por isso.

A "aposta" de Beethoven era outra: fazer a plateia curvar-se ao seu gênio. Se não compreendessem seu texto na primeira leitura, o problema seria dos leitores, e não do seu texto. Que o lessem de novo, mais e mais vezes, até o entenderem, como um religioso lê os textos sagrados por toda a vida, em atitude de respeito, sabendo que ali está uma verdade absoluta que deve eventualmente ser alcançada, com dificuldade.

Beethoven de fato ganhou essa aposta, assim como ganhou todas as outras que fez depois: *Quinta Sinfonia, Nona Sinfonia,* quartetos *Opus 131, 132 e 133, Sonata Appassionata,* entre tantos outros exemplos. A cada aparição de obras como essas, o público se dobrava a uma revelação: a música pura, abstrata, tinha enfim alcançado o *status* de obra de arte independente.

Se fizermos uma lista das melhores obras de Beethoven, deixando de lado as de menor importância, como as peças de ocasião que ele compôs em abundância, encontraremos uma maioria absoluta de obras puramente instrumentais: 8 sinfonias, 7 concertos, 32 sonatas para piano, 16 quartetos de cordas, 7 trios com piano, 5 quintetos e 3 trios de cordas. Dentre as principais obras, figuram apenas duas grandes obras vocais: a *Missa Solemnis* e a ópera *Fidélio*.

Durante todo o século XVIII e mesmo na época de Beethoven, qualquer compositor que desejasse algum sucesso fora da Igreja ou dos ambientes aristocráticos, teria que se dedicar à ópera. *Fidélio* estreou em 1805, o mesmo ano da estreia da *Eroica* e do início do segundo período artístico do compositor. Apesar de ter obtido sucesso já na estreia, não podemos dizer que o gênero operístico foi determinante para o sucesso de sua carreira, visto que Beethoven jamais voltaria a ele: *Fidélio* manteve-se como sua única ópera.

Mais de 20 mil pessoas estavam presentes em seu funeral, o que nos dá uma clara ideia de seu sucesso ainda em vida. Nunca antes um compositor tinha chegado a esse ponto, e, mais improvável ainda, sem trilhar o caminho da ópera. A música pura, autônoma, tinha finalmente grandes e definitivos monumentos para apresentar à posteridade. E mais obras viriam, da pena de outros compositores, seguindo pela trilha aberta por Beethoven.

ISOLAMENTO

Teria Beethoven se tornado um compositor de tamanha estatura se não tivesse passado pelo desastre de sua surdez? A pergunta pode parecer paradoxal e descabida. O senso comum propõe uma pergunta contrária, ou seja: como pode uma pessoa surda tornar-se compositor, quanto mais de um nível tão alto?

A despeito disso, não são poucos os que acreditam que foi justamente graças à surdez que Beethoven pôde criar obras revolucionárias e de tão grande qualidade.

Há dois motivos para isso. O primeiro é de ordem prática. Beethoven chegou a Viena em 1791, priorizando seus estudos e sua atividade como pianista, com a composição ficando em segundo plano. Em pouco tempo ele desenvolveria – como ocorreria mais tarde com vários outros compositores, como Chopin, em Paris – uma intensa atividade como pianista, tocando em salões aristocráticos. Mesmo sem ter ainda feito nenhuma apresentação pública como pianista, conquistou uma elevada reputação. Além de virtuoso, chamava a atenção pelas suas qualidades de improvisador. Também trabalhava como professor de piano. Em 1795, fez sua primeira aparição pública, quando tocou um de seus concertos para piano e orquestra. Só depois disso é que ele cuidou de publicar pela primeira vez algumas de suas composições.

Beethoven era, portanto, a essa altura um admirado pianista e um compositor talentoso, porém com uma obra ainda incipiente. Além do mais, como compositor não parecia especialmente inclinado para a ópera em estilo italiano. Portanto, a opção profissional mais promissora era mesmo a carreira de pianista virtuoso. Era um momento estratégico. Até então, as possibilidades profissionais para um músico eram, como já vimos, trabalhar para uma igreja ou para uma casa aristocrática. Com a ascensão da burguesia, os concertos públicos desenvolvem-se rapidamente. O piano também desponta como instrumento ideal para a atividade musical nos lares burgueses. A união desses dois fatores criara a

João Maurício Galindo ❧ *47*

possibilidade de uma carreira de solista itinerante que trouxe fortuna a muitos virtuosos contemporâneos de Beethoven e também das gerações seguintes. Foi o caso de Clementi, Hummel, Paganini, Clara Schumann, entre outros.

Beethoven tinha plena consciência disso. Portanto, o primeiro grande choque que teve ao perceber-se surdo foi a clareza de que uma carreira de solista internacional tornava-se algo muito difícil. Continuou empenhando-se, mas em 1811, uma tentativa de tocar em público seu *Concerto para piano e orquestra n. 5* fracassou. Depois disso, Beethoven nunca mais apresentou-se em público. Restava então dedicar-se inteiramente ao trabalho de composição.

O segundo motivo que leva muitos a acreditarem que a surdez foi determinante para seu progresso como compositor é de ordem mental ou psicológica. Beethoven iniciou um processo de isolamento, a princípio para disfarçar sua surdez e evitar que fosse banido da vida musical. Contudo, isso se tornou cada vez menos factível – porém, ao contrário de seus temores, aqueles que o apoiavam mostraram-se ainda mais generosos e o acolheram com todos os seus problemas. Como já foi dito, Beethoven não tinha um temperamento fácil, e suas dificuldades pessoais tornaram-no ainda mais complicado. Mesmo assim, as pessoas mais próximas jamais o abandonaram. Conta-se que um de seus patronos e amigo, o arquiduque Rodolfo Rainier, filho mais novo do Imperador, chegou a decretar que Beethoven estava dispensado de obedecer as regras de comportamento e etiqueta da corte austríaca.

Essa mistura fez de Beethoven um artista maduro, dono de muita autoconfiança (até excessiva, para alguns críticos), que se dava o direito de escrever música do modo que quisesse, para quem tivesse a capacidade de ouvir. O resto não era seu problema.

48 ❦ Beethoven

MAIS PROBLEMAS

A surdez não foi o único flagelo em sua vida pessoal. Junto com ela, ou seja, ainda antes de completar 30 anos de idade, vieram as dores abdominais e diarreia que o acompanhariam por toda a vida. E não eram só as dores físicas. Beethoven teve frustradas todas as suas tentativas de matrimônio. Apaixonou-se por algumas de suas alunas, todas de família aristocrática, chegou a ser correspondido, mas a rígida legislação da época criava imensos obstáculos para um nobre que se casasse com um plebeu. Uma das nobres desejadas por Beethoven foi a condessa Josephine Brunswick, cuja família, ao saber do romance, forçou-a a rompê-lo. A Beethoven, a jovem condessa, que era viúva, disse que, segundo a lei, ao casar-se com ele, perderia o direito de viver com os filhos de seu primeiro casamento.

A morte de seu irmão Kaspar, em 1815, foi também um grande choque para Beethoven.

Beethoven nutria grande antipatia pela cunhada, esposa de Kaspar, pelo fato de ela ter sido certa vez condenada por roubo, bem como por ter sido mãe solteira antes de casar-se com seu irmão. Logo depois da morte deste, ele entrou na justiça pedindo a guarda do sobrinho, ainda criança. Depois de anos de disputa judicial, Beethoven venceu. A relação entre os dois era extremamente difícil, e, em 1826, o rapaz tentou suicídio. O jovem sobreviveu e foi reconduzido à guarda materna.

Mesmo com tantas dificuldades e frustrações, Beethoven teve espírito de adicionar na sua última sinfonia (a *Nona*) um poema que exaltava a alegria.

João Maurício Galindo 🙠 *49*

MESTRES
E INFLUÊNCIAS

uando Beethoven nasceu, em 1770, sua cidade natal, Bonn, era pequena e provinciana. Dez anos mais tarde, quando José II tornou-se imperador do Sacro Império Romano, essa situação começou a mudar. Bonn passa a exercer um importante papel no surgimento da literatura romântica alemã, em que figuram nomes como Klopstock, Goethe e Schiller. Por conta desse ambiente mais arejado, é nomeado organista daquela corte católica um músico protestante, de nome Christian Gottlob Neefe. Este senhor viria a ser professor do jovem Beethoven, e isso fez uma grande diferença em sua formação.

Neefe era um bom músico, mas nada além disso. Contudo, diferente de muitos de seus colegas de profissão, era um homem de ampla cultura e mentalidade moderna. Havia estudado Direito em Leipzig, onde defendera a tese intitulada *Pode um homem deserdar seu filho, por esse escolher a profissão de ator?*. Não seria exagero afirmar que esse trabalho era sinal de novos tempos, em que os artistas finalmente viam-se diante da possibilidade de uma real ascensão social.

Depois de dois anos de estudo, Neefe abandona o curso de Direito, mas não retorna à sua cidade. Em vez disso, prefere permanecer em Leipzig para usufruir de sua notável vida cultural. Lá viria a envolver-se com a criação de um gênero tipicamente

Neefe, mestre de Beethoven a partir dos 11 anos, apresentou-lhe as obras de Bach e fez dele seu assistente dois anos depois.

alemão, o *Singspiel*, que pode ser traduzido por "teatro cantado". No *Singspiel*, os tradicionais recitativos da ópera italiana – que dominava a Alemanha à época – eram substituídos por textos falados. Essa característica torna o espetáculo compreensível ao público alemão, o que significava um passo em direção à criação de uma ópera genuinamente alemã. O *Singspiel* viria a ter, portanto, uma significativa importância no desenvolvimento da ópera germânica.

Em 1799, Neefe estabelece-se em Bonn como organista da corte e mestre de capela. Tornou-se uma figura de grande importância na vida cultural da cidade, tendo dirigido a estreia de nada menos que cinco óperas de Mozart, ajudando a divulgar sua obra.

Para aumentar sua renda, Neefe começa a lecionar. Um de seus alunos era o pequeno Beethoven, que tinha de 11 para 12 anos na ocasião. Foi justamente o momento em que, por causa do alcoolismo de seu pai, o menino teve que abandonar a escola. O contato com Neefe certamente ajudou a preencher esta lacuna e evitar que o processo de educação geral do pequeno Ludwig se deteriorasse.

Além de ensinar piano, baixo contínuo e composição, Neefe teve a sabedoria de apresentar ao jovem as obras de Johann Sebastian Bach, que até então não eram conhecidas pelo público consumidor de música. Além disso, Beethoven recebia de seu professor toda sorte de encorajamentos – exatamente o contrário do que acontecia em casa, com seu pai. Um exemplo desse encorajamento foi o fato de Neefe ter, em 1784, nomeado o jovem de 13 anos como seu organista assistente. Beethoven passou a tocar em público com frequência, uma experiência fundamental. Outro exemplo foi o fato de ele ter se empenhado para a primeira publicação de uma peça de seu aluno, *Nove variações sobre uma marcha de Dressler*.

Apesar dos professores célebres que Beethoven viria a ter no futuro, muitos musicólogos acreditam que Neefe, o mais modesto de todos, foi o mais importante.

Pessoas que conviveram com Beethoven dão apoio a essa tese, afirmando que o compositor durante toda a vida referia-se sempre a seu primeiro mestre com muito respeito e gratidão.

Em 1787, Neefe escreveu um artigo para uma publicação musical onde dizia: "Este jovem gênio merece ajuda para poder viajar. Ele certamente se tornará um segundo Wolfgang Amadeus Mozart".

Em 1793, já em Viena, Beethoven escreve uma carta para o ex-professor onde se lê: "Se um dia eu me tornar grande, eu o deverei a você."

AS CELEBRIDADES

Graças ao encorajamento de Neefe, o desenvolvimento de Beethoven fez-se notar. Além de organista assistente, ele passou a trabalhar também como cravista da ópera de Bonn. Em 1787, o arcebispo-eleitor foi persuadido pelos seus admiradores a apoiar os seus estudos. Beethoven estava então com 16 anos e a ideia era enviá-lo a Viena para estudar com uma celebridade: Wolfgang Amadeus Mozart. A viagem aconteceu, mas a estada de Beethoven na capital foi curta. Sua mãe faleceu pouco tempo depois, e por isso o jovem regressou à sua cidade. (Há, contudo, um relato, não comprovado, de que Beethoven chegou a tocar para Mozart, que teria declarado: "Este jovem terá seu nome conhecido em todo o mundo.")

O fato é que a viagem a Viena foi um episódio verdadeiramente frustrante. Para piorar, logo chegaria o momento em que seu pai já não poderia mais trabalhar em razão do alcoolismo, e Beethoven se tornaria o provedor da família. Além de organista assistente e cravista da ópera, ele acumularia o cargo de violista da orquestra do teatro da cidade. O arcebispo já não lhe dedicava qualquer atenção especial. Contudo, nesse período, Beethoven começou a estreitar seus contatos com as famílias ricas e poderosas da cidade, e é nesta ocasião que faz amizade com o conde Waldstein, que já conhecemos no capítulo anterior.

Se em 1787 os planos para estudar com Mozart não prosperaram, três anos depois Beethoven teria outra chance. Em 1790 faleceu o imperador José II e, graças à interferência de Waldstein, Beethoven foi convidado a compor uma obra fúnebre para solistas, coro e orquestra. Beethoven a criou, acrescentando uma passagem para comemorar a ascensão do novo imperador, Leopoldo II, irmão de José. Infelizmente, a obra não foi executada. Dois anos depois, outra celebridade, Franz Joseph Haydn, passava por Bonn a caminho de Londres, e a ele foram mostrados os manuscritos da obra. Haydn ficou muito impressionado e imediatamente se ofereceu para dar aulas ao rapaz quando voltasse de Londres. Assim, em 1792, Beethoven partiu para Viena, onde ficaria pelo resto de sua vida. Mozart acabara de falecer e Beethoven iria estudar com Haydn, a maior celebridade da música germânica e uma das maiores da Europa.

La Redoute em Bad Godesberg (Bonn), edifício à direita, em aquarela de 1792. Em suas salas, que até hoje abrigam concertos, Beethoven teria acordado suas aulas com Haydn.

As aulas, contudo, revelaram-se uma decepção. Beethoven estava com 22 anos, já havia composto dezenas de obras de diversos gêneros e esperava ter do mais respeitado compositor vivo encorajamento e supervisão para a criação de obras de maior envergadura. No lugar disso, Haydn ateve-se a estritos exercícios de contraponto, todos retirados de um antigo manual, editado em 1725. Beethoven fez cerca de 300 desses exercícios.

João Maurício Galindo 55

Haydn já era um compositor respeitado quando se tornou professor de Beethoven. Este, porém, logo se decepcionou com os métodos do mestre.

Embora esse tipo de exercícios seja – como é até hoje – absolutamente essencial na formação de um compositor, o ambicioso jovem desejava muito mais. Anos mais tarde ele diria a seu amigo e compositor Ferdinand Ries: "Nunca aprendi nada com Haydn". Outra prova de sua insatisfação é ter se recusado a deixar imprimir a frase "Discípulo de Haydn" na primeira página das obras que publicou no início de sua carreira, a despeito de o próprio Haydn ter-lhe pedido com insistência que o fizesse.

Em 1794, Haydn, já uma celebridade, faria uma nova e longa viagem à Inglaterra, encerrando assim a atividade pedagógica entre os dois músicos. Mais tarde, Beethoven viria a atenuar a dureza de suas críticas, dedicando a Haydn algumas obras de grande importância.

De qualquer forma, observando a obra de Beethoven como um todo, é perfeitamente visível a grande influência de Joseph Haydn, começando pelo fato de serem a sinfonia e o quarteto de cordas gêneros musicais aos quais dedicou-se com mais afinco. O paralelo é evidente: Haydn contribuiu como ninguém para o desenvolvimento desses dois gêneros musicais. Ao compor o oratório *Cristo no Monte das Oliveiras*, Beethoven estava atento ao sucesso dos dois últimos grandes oratórios de Haydn, *A Criação* e *As Estações*. Por fim, além de tudo isso, proliferam na música de Beethoven elementos básicos musicais tipicamente haydianos, na melodia, no ritmo, na forma e na instrumentação.

Na verdade, a opinião de Beethoven sobre a obra de Haydn era ambivalente. Ainda segundo Ferdinand Ries, quando Beethoven se dispunha a falar de outros compositores, volta e meia dirigia comentários irônicos ao antigo mestre, que em muitos casos considerava frívolo. Contudo, após sua morte, passou a elogiá-lo com frequência. Em uma de suas cartas se lê: "Não devemos despojar Haydn, Haendel e Mozart de seus méritos"; e em outra: "…grandes homens, como Haydn, Mozart e Cherubini…".

ALBRECHTSBERGER

Em 1794, Haydn deixa Viena para mais uma longa estada em Londres. Na sua ausência, o músico mais indicado para assumir seu lugar era Johann Georg Albrechtsberger, também austríaco como Haydn, e seu exato contemporâneo, tendo vivido entre 1736 e 1809. Albrechtsberger era organista da corte de Viena e muito respeitado como professor e compositor, embora "de estilo antigo". Foi o próprio Haydn quem acertou para que Albrechtsberger o substituísse; as aulas para Beethoven passaram a acontecer três vezes por semana e duraram um ano e meio.

Talvez para surpresa do jovem Ludwig, Albrechtsberger manteve o caminho iniciado por Haydn, ou seja, o estudo do contraponto. Na verdade, Albrechtsberger parece ter feito uma revisão de todo o conteúdo trabalhado com Haydn antes de ir adiante. A partir daí, tornou-se mais ousado. Enquanto os cerca de 300 exercícios solicitados por Haydn tinham se mantido nas formas contrapontísticas mais simples, com o novo mestre, Beethoven em pouco tempo estava escrevendo contraponto invertível, cânones, fugas simples e duplas. Chegou a compor, ainda apenas a título de exercícios, prelúdios e fugas para quartetos de cordas. Contudo, todo esse conhecimento contrapontístico não foi aplicado nas obras que Beethoven compôs na ocasião. Viriam à tona muito tempo depois.

Se o leitor quiser ouvir alguns exemplos, deixo aqui três deles: *A Grande Fuga*, para quarteto de cordas, *Opus 133*; a frenética fuga contida no quarto movimento da *Nona Sinfonia, Opus 125*; e o quarto movimento da *Sonata para Piano n. 29, Hammerklavier, Opus 106*. Segundo o musicólogo Alan Frederic Dickinson, Albrechtsberger pertencia à velha escola de mestres

Albrechtsberger era organista, compositor e um dos maiores especialistas em contraponto de seu tempo.

que acreditavam que a fuga era um verdadeiro veículo de pensamento de caráter religioso, capaz de criar as mais edificantes impressões musicais. Talvez por isso Beethoven tenha se sentido mais à vontade com ela ao atingir o auge de sua maturidade.

SALIERI

Uma grande e absolutamente desnecessária estupidez foi reservada ao compositor italiano Antonio Salieri pelo dramaturgo Peter Shaffer e pelo cineasta Milos Forman em seu filme *Amadeus*, de 1984.

A película fez grande sucesso e, graças a ela, um número incalculável de pessoas passou a acreditar que Salieri era um compositor de quinta categoria, pianista sofrível, além de mau-caráter e invejoso. Os autores da façanha podem até se justificar dizendo que a peça e o filme não deveriam ser levados tão a sério, mas o fato é que foram. Salieri, na verdade, não era nada disso.

Salieri foi, sobretudo, um compositor cosmopolita. Até os 16 anos viveu e estudou na Itália, seu país de nascimento, e em

Salieri, autor de grandes óperas, foi compositor oficial da corte de José II e último professor de Beethoven.

seguida estabeleceu-se em Viena. Lá estudou latim, alemão e literatura. Tornou-se protegido de Christoph Willibald Gluck, o grande reformador da ópera do século XVIII. Com apenas 24 anos, foi escolhido compositor da corte pelo imperador José II. Foi também o mestre de capela imperial durante 36 anos. Compôs óperas em italiano, alemão e francês, tornando-se uma das mais importantes figuras da ópera em toda a Europa.

Aos 24 anos, finalizando seus estudos com Albrechtsberger, Beethoven sabia claramente qual deveria ser a próxima etapa de sua formação: dominar a composição vocal em estilo italiano, algo imprescindível caso lhe surgisse a oportunidade de ingressar no mundo da ópera. Estando em Viena, não havia dúvidas em relação ao mestre a ser procurado: Antonio Salieri.

Beethoven procurou-o em 1799 e com ele trabalhou por cerca de dois anos. Desse trabalho resultaram algumas peças de real beleza, como: *No, non turbati,* recitativo para soprano e orquestra, o trio *Temati, empi, tremate,* e o dueto para soprano e tenor *Nei giorni tuoi felice.* Em seguida, Beethoven escreveria o oratório *Cristo no Monte das Oliveiras*, monumental obra de quase uma hora de duração, em estilo italiano, no qual se pode perceber, com clareza, a mão de Salieri.

Falecendo apenas em agosto de 1825, Antonio Salieri ainda seria professor de Franz Liszt e Franz Schubert, dentre tantos outros compositores que entrariam para a história da música europeia. Como se vê, não se pode menosprezar sua importância na formação de Beethoven.

OUTROS ITALIANOS

Salieri foi o último professor de Beethoven. Já com 30 anos de idade, não voltaria a ter aulas com ninguém, embora continuasse a estudar sempre e por toda a vida, de maneira autodidata.

Ele o fez de duas formas. A primeira com trabalhos teóricos – como os tratados do francês d'Alembert (1717-1783) e do italiano Gioseffo Zarlino (1517-1590); a segunda com partituras de alguns de seus contemporâneos. Dentre eles destaco mais dois italianos, Luigi Cherubini e Muzio Clementi.

Cherubini era dez anos mais velho que Beethoven. Em 1788, quando tinha 28 anos de idade, radicou-se em Paris, tornando-se um notável compositor de ópera e música sacra. Foi também diretor do Conservatório de Paris. A partir de 1802, algumas de suas óperas foram levadas à cena em Viena: *Lodoïska*, *Les deux journées*, *Médée* e *Elisa*. Beethoven ficou vivamente impressionado com a música de Cherubini e durante muito tempo costumava garantir que se tratava do maior compositor europeu vivo.

Também no campo da música sacra, Cherubini causou forte impressão em Beethoven, que considerava sua missa de Réquiem superior à de Mozart.

Em uma carta ao compositor Louis Schlösser, enviada em 1823, Beethoven diz que "de todos nossos contemporâneos, tenho o mais profundo respeito por Cherubini".

No mesmo ano, escreveu ao próprio Cherubini, falando de sua recém-concluída *Missa Solemnis*, e dizendo-lhe ainda: "Considero suas obras para teatro do mais alto grau".

O leitor poderá sentir um claro sabor beethoveniano em algumas obras de Cherubini, como nas aberturas das óperas *Anacréon* e *Médée*. Quanto a esta última, em especial, sabemos que Beethoven tinha uma cópia da partitura. Existem muitas semelhanças entre a abertura de *Médée* e a abertura *Egmont*, de Beethoven, a começar pela tonalidade, fá menor. *Médée* é de 1797 e *Egmont* de 1810.

Quanto a Clementi, foi provavelmente o mais célebre pianista europeu durante a década de 1780. Vivia em Londres, mas visitou Viena algumas vezes. Muitas de suas sonatas foram publicadas nesta cidade, e sabe-se que Beethoven possuía cópias de quase todas elas. Quem se der ao agradável trabalho de ouvi-las, notará o quanto Beethoven deixou-se por elas influenciar. Além de elementos técnicos e virtuosísticos criados e desenvolvidos por Clementi, Beethoven absorveu também muito de como Clementi moldava a condução dramática. Em muitas de suas sonatas, Clementi já respirava ares românticos. Para o leitor que deseje um único exemplo a fim de fazer uma rápida averiguação, sugiro ouvir de Clementi a *Sonata em Sol Menor*, *Opus 34*.

Em 1807, Clementi e Beethoven encontraram-se em Viena, e desse encontro resultou um acordo comercial de grande importância. Clementi, que à época tinha uma editora, decidiu publicar na Grã-Bretanha nada menos que as seguintes obras de Beethoven: os três *Quartetos Razumowsky*, *Opus 59*, a *Quarta Sinfonia*, *Opus 60*, o *Quarto Concerto para Piano*, *Opus 58*, o *Concerto para Violino*, *Opus 56*, e a *Abertura Coriolano*, *Opus 62*. Clementi ainda encomendou-lhe uma versão para piano do concerto para violino e mais seis peças para piano solo.

Assim, além de ser uma forte influência musical, Clementi colaborou de maneira relevante para a divulgação da obra de Beethoven em Londres, outro importante centro musical europeu.

A FRANÇA E O ESTILO HEROICO

Vimos no capítulo anterior que a produção de Beethoven costuma ser, *grosso modo*, dividida em três períodos, com o segundo começando com a "Fase Heroica". É a fase logo após a redação do "Testamento de Heiligenstadt", quando Beethoven declarou que não estava satisfeito com que o que fizera até então, estando pronto para buscar novos caminhos. Surge a *Terceira Sinfonia, Opus 55*, a ópera *Leonora, Opus 72*, e o oratório *Cristo no Monte das Oliveiras, Opus 85*.

Qualquer que possa ser nossa opinião a respeito da periodização referente à obra de Beethoven, não se pode negar que nos anos imediatamente posteriores a 1802, o compositor parece ter mesmo aberto as comportas de uma colossal torrente de energia acumulada, em que muitas obras levaram bem adiante as conquistas do movimento *"Sturm und Drang"*. Ao lado das obras acima citadas, podem-se incluir outras tantas como a *Quinta Sinfonia*, as aberturas *Egmont* e *Coriolano* ou as sonatas *Hammerklavier* e *Appassionata*.

Há quem levante a hipótese de que, ao enfrentar o terrível drama da surdez, Beethoven tenha desenvolvido uma tendência a identificar-se com figuras heroicas, como Napoleão (vide a dedicatória da *Sinfonia n. 3*), Jesus Cristo (*Cristo no Monte das Oliveiras*), o conde de Egmont e o general Coriolano (vide as obras homônimas).

Desenvolve uma música de grande ímpeto, com analogias às qualidades heroicas, como a nobreza de caráter, o sacrifício na luta do bem contra o mal, que podem incluir a perda da liberdade ou da própria vida. A *Abertura Egmont* é um exemplo.

Em se tratando dessa fase heroica, a influência da música francesa pode ser notada com facilidade.

Voltemos às quatro óperas de Cherubini, encenadas em Viena em 1802. Embora italiano, Cherubini estava radicado na França e lá havia encontrado o ambiente apropriado para a música que desejava criar – coisa que na Itália não seria possível. Trata-se, portanto, de música francesa.

A partir daí, Beethoven interessou-se pelos libretos utilizados na ópera francesa de então, principalmente *Les deux journées*, de Cherubini, e *La Vestale*, imenso sucesso de Gaspare Spontini, outro notável italiano radicado em Paris.

O libretista de *Les deux journées* era Jean-Nicolas Bouilly, escritor e político revolucionário francês que viveu entre 1763 e 1842. Quando Beethoven decidiu escrever sua primeira e única ópera, recorreu a um de seus libretos chamado *Leonora, ou O amor conjugal*, que já havia sido musicado pelo compositor francês Pierre Gaveaux, em 1798. O enredo trata de um preso político, Florestan, que é resgatado por sua esposa, Leonora, que entra na prisão disfarçada como um guarda de nome Fidélio. (A ópera estreou em 1805, e mais tarde teve seu nome mudado para *Fidélio*, para evitar confusão com a ópera homônima de Gaveaux e outra de Ferdinand Paer).

O libreto de Boully não era exceção: elementos de heroísmo eram de grande importância na ópera francesa daquele tempo. Outro ponto de semelhança entre a ópera francesa e *Fidélio* é o uso do recitativo acompanhada pela orquestra, diferente do recitativo "*secco*" italiano, acompanhado apenas por cravo. Outros compositores franceses que certamente influenciaram Beethoven foram Grètry e Mehul.

Étienne Nicolas Méhul viveu entre 1763 e 1717 e foi considerado o mais importante compositor de ópera durante a Revolução Francesa. Deixou quatro sinfonias surpreendentes, em que o espírito da música romântica já se anuncia com nitidez. Se Paris tivesse um ambiente mais propenso ao desenvolvimento da música puramente instrumental, como acontecia em Viena, talvez Mehul pudesse ter se tornado um dos mais importantes sinfonistas do início do século XIX. Uma audição da sua primeira sinfonia, concluída em 1809, pode surpreender, pois em muitos aspectos antecipa as de Mendelssohn, que nasceu naquele mesmo ano. Muitas óperas de Mehul foram levadas a cena em Viena, e eram sempre recebidas com muito entusiasmo. Beethoven as conhecia e certamente inspirou-se nos temas revolucionários do francês.

Quanto a Andrè-Ernest-Modeste Grètry, belga de nascimento, e que viveu entre 1741 e 1813, Beethoven já o conhecia desde os tempos de sua juventude em Bonn, onde suas óperas eram apresentadas com frequência. Beethoven chegou a compor uma série de variações, para piano, sobre um tema de Grètry. A mais importante ópera de Grètry é de 1784, e tornou-se um imenso sucesso. Seu enredo, não por acaso, também é de caráter heroico: fala da captura do rei inglês Ricardo Coração de Leão pelo arquiduque da Áustria, enquanto o britânico regressava da III Cruzada, e do resgate feito pelo trovador Blondel de Nesle. Foi uma das primeiras "Óperas de Regate" escritas, da mesma forma que *Fidélio*, a única ópera de Beethoven.

ESCOLAS PIANÍSTICAS

Uma célebre escola instrumental exerceu marcante influência sobre Beethoven, a assim chamada "Escola Pianística Londrina", que tinha como expoente nosso já conhecido Muzio Clementi.

Além de Clementi, essa escola incluía Jan Ladislav Dussek, compositor de origem checa que viveu entre 1760 e 1812. Há muitas semelhanças entre sonatas de Dussek e Beethoven. Uma delas é tão impressionante que deve ter sido feita intencionalmente por Beethoven, a título de citação. O leitor pode conferir por conta própria: tratam-se da *Sonata Opus 39*, n. 3, de Dussek, e da *Sonata Opus 10*, n. 1, de Beethoven. Há também muitas semelhanças entre a *Sonata Opus 44* de Dussek, intitulada *O Adeus*, e a sonata homônima de Beethoven, n. 26, *Opus 81A*. A de Dussek é de 1800, enquanto a de Beethoven é de 1809. A tonalidade é a mesma para ambas.

Johann Baptist Cramer é considerado outro importante integrante desta Escola Pianística Londrina. Nasceu na Alemanha, em 1771, em Mannheim, mas mudou-se com a família para a Inglaterra quando estava com 1 ano de idade. É, portanto, considerado um pianista e compositor inglês. Faleceu em 1858.

Em 1799, Cramer visitou Viena e tornou-se um bom amigo de Beethoven, que passou a imitar certos elementos do seu estilo. Cramer deixou um grande número de composições para piano, seja solo, concertos ou em combinações de música de câmara, e, assim como acontece com Dussek e Clementi, não é difícil encontrar semelhanças em algumas delas. O final da *Sonata Opus 26* de Beethoven é citado como um exemplo de composição ao estilo de Cramer.

Cramer não influenciou Beethoven apenas como compositor. Ao vê-lo tocar, Beethoven percebeu que a técnica do inglês era superior à sua. Tomou a percepção como um desafio, passando a aprimorar a sua cada vez mais.

Quando lecionava, Beethoven sempre recomendava a seus alunos os estudos de Cleenti e Cramer, que considerava os melhores.

Finalmente, uma curiosidade, que mostra a proximidade entre os músicos: foi Cramer que publicou o *Quinto Concerto para Piano e Orquestra* de Beethoven e teve a ideia de batizá-lo de *Imperador*.

SINFONIAS

PRIMEIRAS IMPRESSÕES

or que as sinfonias de Beethoven produziram um efeito tão indelével na cultura ocidental? Já se passaram mais de 200 anos desde que as primeiras foram escritas, e ainda hoje, mesmo pessoas que não têm ligação alguma como o mundo da música de concerto já ouviram pelo menos falar das tais "nove sinfonias" de um "tal de Beethoven". Essas mesmas pessoas já ouviram alguma referência a elas nos desenhos animados da turma do Pernalonga, e são pouquíssimos aqueles que nunca escutaram o tema da *Ode à Alegria* executado (ou trucidado) no casamento de algum amigo e familiar.

Uma parte da resposta nós já vimos no primeiro capítulo: Beethoven teve a ousadia de levar o espírito do *"Sturm und Drang"* muito mais longe do que qualquer outro compositor, fazendo-o na música puramente instrumental, no momento certo e na hora certa.

Viena era, naquele tempo, o principal centro musical europeu. Como acontecia em outras cidades de grande atividade musical, a ópera era o gênero mais apreciado, mas havia espaço e interesse para todos os outros tipos de espetáculos musicais. A corte imperial e muitos nobres mantinham orquestras e conjuntos instrumentais em seus palácios, e muitos concertos e recitais de alto nível eram realizados. Para frequentá-los não era obrigatoriamente necessário ser um membro da nobreza. Bons relacionamentos com certas pessoas abriam também aos burgueses a possibilidade de ouvir a música sofisticada que lá era executada.

Havia também os concertos sinfônicos públicos, que começaram a acontecer em Viena nos anos 1770. A primeira série foi criada em 1772 pelo compositor Florian Gassmann, promovida por uma associação que destinava os recursos provenientes da venda dos ingressos às viúvas e órfãos de músicos. A partir de 1812, surgiram outras associações, algumas nos mesmos moldes dos pioneiros "*Concerts Spirituels*" de Paris.

Conseguindo acesso a um desses espaços, qualquer pessoa interessada podia produzir um concerto, arrecadando fundos e cuidando de toda a produção, como impressão dos programas de sala, folhetos de divulgação, venda de ingressos etc. Em geral, isso era feito pelos próprios músicos, fossem solistas, regentes ou compositores.

Durante seus primeiros anos em Viena, Beethoven apresentou-se com frequência em residências aristocráticas, construindo pouco a pouco uma excelente reputação, até que, no ano de 1800, conseguiu organizar o seu primeiro concerto público. Isso aconteceu às 18h30 do dia 2 de abril de 1800, no Teatro da Corte Imperial.

O programa ouvido foi o seguinte:

- Uma sinfonia de Mozart;
- uma ária do oratório *A Criação*, de Haydn;
- um concerto para piano, de Beethoven, interpretado pelo próprio compositor;
- um septeto para cordas e sopros, de Beethoven;
- um dueto, também do oratório *A Criação*, de Haydn;
- uma sessão de improviso ao piano, por Beethoven;
- uma sinfonia de Beethoven.

Cartaz do programa do primeiro
grande concerto de Beethoven,
realizado em 2 de abril de 1800.

O leitor habituado a frequentar salas de concerto certamente ficará surpreso com esse programa pela sua extensão e variedade. Os amantes de música da Viena de então tinham mesmo um grande apetite musical e estavam habituados a concertos muito mais longos que os atuais. Esse certamente durou bem mais de duas horas. Também a variedade de repertório é algo que não se encontra nos dias de hoje. Num mesmo programa, temos duas sinfonias, um concerto para piano, trechos de música vocal, música de câmara e uma sessão de improvisação livre!

A sinfonia de Beethoven ouvida neste concerto foi com certeza a de número 1, pois era a única que ele havia composto até então. Não há notícias precisas sobre sua receptividade, que ao que tudo indica foi muito boa. Nesse, que foi seu primeiro concerto público, ele teve a sabedoria de mesclar obras suas com outras dos dois mais queridos compositores dos vienenses, Mozart e Haydn.

Se o leitor considera esse programa longo e pesado, ficará ainda mais surpreso com este outro, realizado por Beethoven, oito anos e meio mais tarde:

1ª parte:

- *Sinfonia n. 6, Pastoral, Opus 68*;
- *Ah, pérfido*, aria de concerto para soprano e orquestra, *Opus 65*;
- *Glória da Missa em Dó Maior*, para coro, orquestra e solistas, *Opus 86*;
- *Concerto para Piano n. 4, Opus 58*;

Intervalo

2ª parte:

- *Sinfonia n. 5, Opus 67*;
- *Sanctus da Missa em Dó Maior*, para coro, orquestra e solistas, *Opus 86*;
- *Fantasia,* para piano solo;
- *Fantasia Coral,* para piano, solistas, coro e orquestra, *Opus 80*.

Esse programa foi levado no Theater an der Wien, em 22 de dezembro de 1808. Dessa vez, vemos que todas as obras são de Beethoven. Não havia mais qualquer necessidade de mesclá-las com obras de outros compositores célebres. O evento começou às 18h30 de uma noite fria e durou cerca de quatro horas.

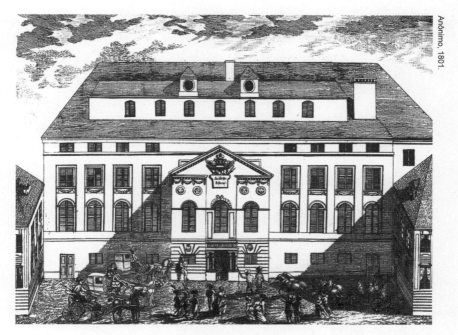

Theater an der Wien em 1801. Ali Beethoven seria nomeado diretor musical e compositor residente e estrearia muitas de suas obras orquestrais, como *Fidelio* e *Eroica*, algumas vezes como maestro, outras como pianista.

Pelos padrões atuais, seriam dois concertos em um, mas para os padrões da época, um concerto assim, longo, não era algo inusual. O incomum para aquele público seria digerir obras tão repletas de novidades.

Houve quatro estreias: a *Quinta* e a *Sexta Sinfonias*, o *Quarto Concerto para Piano* e a *Fantasia Coral*. Foi certamente o mais ambicioso concerto realizado por Beethoven.

A crítica publicada na reputada revista *Allgemeine Musikalische Zeitung* corrobora essa opinião: "Julgar estas obras após uma única audição, especialmente considerando a linguagem musical de Beethoven, com uma executada logo

Frontispício
da edição de 1817
do *Allgemeine Musikalische Zeitung*.

após a outra, sendo a maioria delas tão grandiosas e longas, é uma tarefa absolutamente impossível."

Cinco anos e meio antes, quando da estreia da *Segunda Sinfonia*, também no Theater an der Wien, a mesma *Allgemeine Musikalische Zeitung* declarou que a duração exagerada e outros aspectos negativos "são esquecidos diante de tantas outras qualidades, como seu espírito apaixonado e cheio de vida, sua originalidade, erudição e profundidade artística".

Após uma segunda execução, no ano seguinte, um crítico vienense escreveu que a *Segunda Sinfonia* era "um monstro atrevido, um dragão atingido que se contorce e se recusa a morrer. Devemos sempre ter em mente a posteridade quando uma nova peça musical nos pica e incomoda, levando-nos à tentação de deixá-la de lado. Enquanto isso acontece, músicas fáceis tendem – e talvez devam mesmo – a apodrecer rapidamente, como frutos do mar deixados no calor".

POSTERIDADE

Examinando mais e mais exemplos como esses, vemos que a obra de Beethoven foi altamente valorizada já durante sua vida, e um verdadeiro culto à sua personalidade começou a se formar.

O pianista Carl Czerny (1791-1857), aluno e amigo de Beethoven, escreveu que ele "era encarado com assombro e respeitado como um ser acima do comum. Era admirado mesmo por aqueles que não o compreendiam". Czerny quer dizer que os mesmos críticos que muitas vezes declaravam não entender sua harmonia, suas modulações inusitadas, suas bruscas mudanças de estado de espírito etc., percebiam haver ali um toque de genialidade. Em linguagem coloquial atual, eu arriscaria traduzir da seguinte maneira: havia algo de novo no ar, que algumas pessoas pressentiam e que Beethoven havia captado plenamente.

Segundo o musicólogo Robin Wallace, determinado crítico, ao escrever sobre algumas de suas sonatas para piano, declarou: "Músicos não tão cultos e que veem a música apenas como um entretenimento fácil perderão seu tempo ao se dedicarem a essas sonatas de Beethoven."

Assim, essa sensação inefável que "estava no ar" é, a meu ver, justamente aquilo que comentamos no primeiro capítulo: a música passava a ser vista pouco a pouco como grande arte, finalmente capaz de oferecer à cultura europeia monumentos perenes, que demandavam dos ouvintes uma nova escuta, atenta e reverente. Música podia perfeitamente continuar a ser um entretenimento agradável, mas pela primeira vez dava provas públicas e consistentes de que podia ser muito mais do que isso.

O célebre escritor alemão Ernst Theodor Amadeus Hoffmann (1776-1822), que também foi músico e crítico musical, escreveu: "A música instrumental de Beethoven abre-nos o reino do colossal e do imensurável. Resplandecentes raios de luz movem-se na profunda noite deste reino. Vemos sombras vindas de toda parte, cada vez mais próximas...".

O compositor Cipriani Potter fala de como "o não iniciado ansiosamente se empenha em compreender o que é chamado de composição clássica".

Chegou-se a um ponto em que Beethoven – e mais tarde o compositor romântico em geral – passou a ser visto como um herói. As imagens de Beethoven circulavam, e sua fisionomia chegava a ser cultuada mesmo por quem ainda não conhecia sua música. Após ouvir a *Sétima Sinfonia*, o compositor Richard Wagner declarou: "Esta obra causou-me um efeito indescritível! E a isso devo acrescentar o quão impressionante foi-me a imagem de Beethoven, reproduzida nas litografias que circulam abundantemente... a imagem que concebi é de um ser único, sublime, sobrenatural."

Na Inglaterra, as sinfonias de Beethoven foram muito bem recebidas, mas mais por razões estritamente musicais, e muito menos por esse culto romântico à personalidade.

Já na França, o mesmo não ocorreu, em especial por rivalidades políticas. As sinfonias de Beethoven só viriam a ser devidamente valorizadas depois de 1828, quando o regente François Habeneck dirigiu todas elas com grande sucesso à frente da Orquestra da Sociedade de Concertos do Conservatório de Paris. Hector Berlioz colaborou vivamente para a sua divulgação, enquanto Luigi Cherubini, que Beethoven tanto admirava, manteve-se contrário. De qualquer forma, Cherubini fazia parte de uma minoria. A admiração e o culto à música de Beethoven na França aumentariam sempre, e só sofreriam um impacto muito sério, novamente por questões políticas, quando eclodiu a Primeira Grande Guerra.

Durante o século XX, o culto à personalidade beethoveniana foi arrefecendo, o inverso acontecendo com sua música, em especial as sinfonias, cada vez mais estudadas e executadas. Quando muitos acreditavam que suas partituras já haviam sido esmiuçadas e analisadas à exaustão, surge entre 1996 e 2000, uma nova e primorosa revisão, realizada pelo musicólogo e regente britânico Jonathan Del Mar e editada pela casa alemã Bärenreiter. Muitos dos maiores regentes em atividade não tiveram dúvidas em adotá-la para suas execuções e gravações. Foi o caso de Johnn Elliot Gardiner, Claudio Abbado, Bernard Haitink, Simon Rattle, Philippe Herreweghe e David Zinman, entre outros.

PERFEIÇÃO E EQUILÍBRIO

Do ponto de vista estético e musical, quais foram as grandes inovações que Beethoven introduziu em suas sinfonias?

Para entender com clareza essa questão, voltemos no tempo.

A palavra "sinfonia" já era usada na Grécia antiga e teve inúmeros significados durante a Idade Média, Renascença e o Barroco musical. O uso da palavra para se referir especificamente a uma obra instrumental para orquestra, dividida em três movimentos contrastantes, se dá na primeira metade do século XVIII. No esforço de simplificação da música barroca, que ocorre nessa época, a suíte de danças em vários movimentos é abandonada em favor da sinfonia, que tinha apenas três. Também a intrincada escrita contrapontística do barroco é deixada de lado, substituída pela simplicidade da melodia acompanhada. Se um leitor quiser um bom exemplo dessa simplificação, basta ouvir uma das suítes para orquestra de Johann Sebastian Bach (BWV 1066, 1067, 1068 e 1069), e compará-las com uma das sinfonias de Giovanni Battista Sammartini.

Não deve causar estranhamento a comparação de J. S. Bach, um gigante inconteste, com Sammartini, um compositor muito pouco conhecido. Em se tratando da gênese da sinfonia clássica, Sammartini tem papel fundamental – além de ter sido um compositor brilhante, cuja obra está sendo pouco a pouco redescoberta.

Sammartini viveu entre 1700 e 1775 e passou toda sua vida em Milão, que na época era dominada pelo Império Austríaco. Por conta disso, as relações musicais entre o norte da Itália e Viena eram intensas e, a partir de 1730, a sua música tornou-se conhecida na capital imperial. Além disso, Sammartini travou contato com músicos de grande importância, como Johann

76 ❧ *Beethoven*

Christian Bach e Luigi Boccherini, além de ter sido professor de Christoph Willibald Gluck. Em Viena, o modelo sinfônico de Sammartini foi adotado e cultivado por compositores como Carl Ditters von Dittersdorf, Michael Haydn e Georg Christoph Wagenseil. As sinfonias produzidas por esses compositores eram executadas nas residências aristocráticas e nos concertos públicos que estavam começando a se tornar frequentes.

Em sua digressão pela Itália e Áustria, a sinfonia galante sofreu influências destes e de muitos outros compositores, mas manteve intactas algumas características essenciais. O contraste rítmico entre os movimentos era um deles: o primeiro movimento era em andamento rápido, o segundo, lento, e o terceiro, mais uma vez rápido. Evidentemente, nuances poderiam acontecer. O primeiro movimento poderia ser moderadamente rápido e o terceiro bem vivo; ou o contrário; o segundo poderia ser um *adagio* ou um *andante*. Contudo, o que não poderia de modo algum deixar de haver era o contraste entre os movimentos. Isso era fundamental.

Havia também entre eles uma importantíssima distinção de caráter. O primeiro movimento era sempre o mais longo, mais desenvolvido. Muitas vezes não tinha uma clara melodia "cantabile", dessas que memorizamos com facilidade e assobiamos em seguida. Elas poderiam ser trocadas por pequenas células rítmico-melódicas que se prestassem a um bom desenvolvimento. O segundo movimento deveria ter um caráter mais "afetuoso" e o terceiro tinha caráter eminentemente rítmico, quase sempre uma dança. São muitas as sinfonias do período galante que terminam com um minueto. O caráter brilhante e virtuosístico também poderia ser uma opção para o movimento final.

Com o passar do tempo, um quarto movimento foi sendo introduzido, e era também um movimento de dança. Consolidou-se um modelo em que o terceiro movimento era uma dança de corte – um minueto – e o quarto movimento uma dança popular. Esse acréscimo corresponde à gradual migração que a sinfonia faz dos salões aristocráticos para as salas de concerto burguesas. Havia que agradar ambos os públicos. A última sinfonia de Haydn, de número 104, é um excelente exemplo. Lá estão um minueto elegante e pleno de reverências, antecedendo um vivo movimento de dança, baseado num canto de rua ouvido por Haydn em sua estada na capital inglesa.

Podemos então dizer que o primeiro movimento é a mente, o segundo o coração e o terceiro o corpo físico deste verdadeiro ser vivo que é a sinfonia, um ser vivo em perfeito equilíbrio, no qual há espaços iguais para intelecto, emoção e diversão.

Essa era uma característica que já existia no barroco, nas sonatas e concertos. Como exemplo, o leitor poderá ouvir qualquer um dos concertos das *Quatro estações*, de Antonio Vivaldi, ou um dos *Concertos de Brandenburgo*, de J. S. Bach. Todos obedecem esse modelo.

Mário de Andrade, em sua *Pequena história da Música*, aponta esse admirável equilíbrio perseguido pelos compositores do período clássico, e que talvez justamente por isso esse seja o mais curto período estilístico. Segundo Mário, seria muito difícil para um ser imperfeito como o humano permanecer em tal estado de perfeição por muito tempo. O desequilíbrio não tardaria a chegar, e quem abriria as portas para ele seria Beethoven.

QUEBRANDO O PARADIGMA: O TRIO CENTRAL

Dentre as nove sinfonias de Beethoven, há três que de maneira muito explícita quebram totalmente esse paradigma do perfeito equilíbrio.

Comecemos pela *Quinta*. O primeiro movimento tem dois temas não cantantes: são células de extrema simplicidade, que interagem e são desenvolvidas com muita inteligência. Poderíamos considerar uma perfeita adequação ao modelo clássico, não fosse a brutal carga emocional que ele encerra. A música é dramática, áspera, assustadora. É o *"Sturm und Drang"* em sua melhor expressão.

Pelo modelo clássico, no segundo movimento deveríamos ter um contraste, um outro espírito. A rigor, temos, mas não se trata de nada luminoso que tire o ouvinte das trevas do movimento anterior. A música é profundamente melancólica. Uma tímida nesga de otimismo é ouvida um pouco antes do fim, mas arrefece e dá lugar à melancolia anterior.

Não há alegria ou otimismo no terceiro movimento. Logo no início, um murmúrio lúgubre; em seguida, uma súbita chamada dos metais nos leva a um tema de nítido caráter processional. As ideias se alternam até surgir um novo tema, agitado e estrepitoso. Não é uma dança, nem de corte, nem de caráter popular. As contradições com o modelo clássico intensificam-se. A música não acaba: desmancha-se e funde-se com o quarto movimento.

Depois de três movimentos que não irradiam um único feixe de luz, o quarto movimento explode na tonalidade otimista de dó maior, com uma força totalmente inesperada. É uma música de extrema alegria, eufórica, de caráter triunfal, que imediatamente sugere a ideia de uma retumbante vitória sobre a dura batalha descrita pelos três movimentos anteriores. Esse quarto movimento é, portanto, consequência dos anteriores, e se em muitas sinfonias clássicas um movimento poderia ser – como muitas vezes era – tocado isoladamente, na *Quinta Sinfonia* de Beethoven isso se torna impensável. A obra é de uma unidade inequívoca.

Essa unidade é reforçada pela consciente reutilização do mesmo motivo durante toda a obra. A célula que inicia o primeiro movimento, formada por três notas curtas e uma longa, está presente em todos os outros movimentos. Pela primeira vez, esse procedimento foi utilizado em uma sinfonia. A música é excepcional, mas totalmente desequilibrada em relação ao modelo clássico.

A *Sexta Sinfonia* também rompeu o paradigma sinfônico do classicismo, com a mesma veemência da quinta, mas de uma maneira diametralmente oposta. Se a quinta é angustiada em sua maior parte, a sexta tem um caráter predominantemente sereno. A quinta tem três movimentos dramáticos e um otimista. A sexta, quase como um negativo fotográfico da quinta, tem quatro movimentos descontraídos e um dramático.

Já neste ponto observamos a quebra de mais um padrão: são cinco os movimentos, em vez dos quatro tradicionais. Além disso, não há pausa entre os três movimentos finais.

Intitulada *Pastoral*, é a única sinfonia em que o próprio Beethoven nos fornece algumas indicações não musicais. Na partitura do primeiro movimento, ele acrescentou a frase "Despertar de sensações felizes ao chegar ao campo". A música começa com muita serenidade, logo introduzindo um suave ritmo de galope. Ouve-se o som de uma gaita de fole e o ritmo de uma dança popular. Mas não pense o leitor que se trata apenas de uma espécie de *pot-pourri* de imagens bucólicas. A consistente sintaxe clássica está presente, com os temas devidamente desenvolvidos.

Manuscrito de trecho da *Sexta Sinfonia* ou *Pastoral*.

O segundo movimento, como o próprio Beethoven escreveu, é uma "cena à beira de um riacho". A música continua tranquila e as melodias são constantemente acompanhadas por um motivo que simboliza a água fluindo. No final, a música cessa para que ouçamos o canto de três pássaros: um rouxinol, uma codorna e um cuco. Contrariando o padrão clássico, não há grande contraste entre esses dois primeiros movimentos. No terceiro movimento, contudo, Beethoven se reaproxima do padrão. Temos um movimento de dança popular – como veremos daqui a pouco, Beethoven havia abandonado a dança aristocrática desde sua primeira sinfonia. Esse terceiro movimento foi chamado de "Alegre reunião de camponeses". Porém, quando nos sentimos estabilizados no conforto da velha estrutura clássica, a música se interrompe de modo bastante súbito, introduzindo um ambiente de tensão e expectativa. É uma tempestade que se aproxima e logo explodirá em dissonâncias com toda a força orquestral. Depois de quase meia hora de música idílica e relaxada, o ouvinte é levado por sonoridades dramáticas e agitadas. São aproximadamente quatro minutos de tempestade, que se esvai aos poucos, com a música desembocando sem interrupção no quinto e último movimento: "Canção do pastor: alegria e gratidão após a tempestade". A música volta ao seu tom anterior de alegria serena.

Beethoven sempre foi muito reticente no que se refere às possíveis relações entre sua música e imagens não musicais. Deixou algumas pistas. Entre seus cadernos de esboços encontra-se de seu próprio punho uma anotação que relaciona o segundo movimento do quarteto de cordas *Opus 18* n. 1 à cena do túmulo de Julieta. Em outras obras, mesmo não tendo deixado qualquer indicação, não é difícil desvendar suas intenções. Isso é bastante claro na abertura de *Egmont*, por exemplo, em que cada trecho alude explicitamente a uma passagem do texto de Goethe. As indicações mais diretas e claras estão mesmo na *Sexta Sinfonia*. Contudo, segundo Carl Czerny, Beethoven acreditava que tais indicações prejudicavam a audição, "não sendo a música sentida tão livremente pelos ouvintes, se informados de antemão sobre alguma imagem específica".

Chama a atenção o fato de a *Quinta* e a *Sexta* sinfonias, duas obras tão diferentes, terem sido compostas ao mesmo tempo. Beethoven parece ter-se proposto o insano desafio de transcender o paradigma sinfônico em vigor, de duas maneiras totalmente diversas e simultâneas. E conseguiu vencê-lo.

Somente cinco anos mais tarde, Beethoven viria a concluir sua *Sétima Sinfonia*, na qual ele consegue mais um prodígio: encontrar uma terceira maneira de quebrar o padrão clássico, diferentemente do que havia feito na *Quinta* e *Sexta*.

A *Sétima* é quase um perfeito avesso da *Quinta*. Nesta temos três movimentos escuros e dramáticos e um único movimento de imensa alegria. Na *Sétima*, temos três movimentos de imensa alegria e um único movimento dramático.

Ficou conhecida como a "sinfonia do ritmo". O primeiro, terceiro e quarto movimento são quase que totalmente dançantes. O primeiro é obsessivamente construído no modo rítmico conhecido como *dáctilo*. Se o leitor quiser saber que modo é esse, basta pronunciar repetidamente a palavra "pêssego", ou "cântaro", alongando ligeiramente a primeira sílaba. O terceiro movimento é o bom e velho *scherzo*, um ritmo ternário muito rápido que Beethoven introduziu já na sua primeira sinfonia em substituição ao minueto. Pense o leitor na palavra "batata" pronunciada repetidas vezes; este é o ritmo do *scherzo*. Finalmente, o quarto movimento é baseado numa dança húngara chamada "*verbunko*", muito popular em Viena no século XVIII. Em tempos de internet, é possível fazer uma experiência muito curiosa: se procurarmos por "*verbunko*" na rede, encontraremos muitos exemplos de grupos folclóricos atuais, e até gravações em vídeo bastante antigas. Compará-las com este quarto movimento da *Sétima* de Beethoven é muito interessante.

Apenas no segundo movimento a música se afasta do ritmo, da dança e da alegria contagiante. Trata-se de uma peça tocante, de caráter processional e fúnebre. Impressionou de tal

Ilustração de 1816 retratando um tocador de gaita de fole e soldados dançando o *"verbunko"*, estilo que inspirou o quarto movimento da *Sétima Sinfonia*.

modo o público presente na estreia, que teve de ser repetida logo em seguida. É uma situação difícil de imaginar nos dias de hoje: um segundo movimento de sinfonia, lento e triste, ser calorosamente aplaudido logo após seu término, com o público exigindo sua repetição imediata.

Com as devidas escusas que devem ser pedidas quando se faz comparações muito generalizantes, convido o leitor a observar essas três sinfonias lado a lado, de modo panorâmico. A *Quinta*, de caráter geral dramático com um movimento de extremada alegria em seu final. A *Sexta*, de caráter geral contemplativo, com um movimento de tempestade, que se esvai. A *Sétima*, de caráter geral de grande alegria, com um movimento meditativo e de introspecção, que logo se esvai para devolver o lugar à alegria. Três soluções distintas e de confecção genial que operaram a transcendência definitiva do modelo clássico.

VOLTANDO AO PASSADO

Na *Oitava Sinfonia*, Beethoven retorna ao modelo clássico, talvez por pura diversão, talvez em tom de paródia, ou talvez porque já "não tivesse que provar mais nada a ninguém". Não há exageros emocionais, e o contraste entre os movimentos típico do classicismo é mantido. O bom humor é constante, e é a única sinfonia de Beethoven que tem um minueto. Beethoven referia-se a ela como "minha pequena sinfonia em fá maior (a "grande" era a sexta, a *Pastoral*). O compositor não entendia por que tinha feito menos sucesso que a sétima, que ele julgava inferior.

De qualquer modo, é muito importante deixar claro que, mesmo retornando ao modelo clássico, a *Oitava Sinfonia* nem de longe lembra o estilo de Mozart ou Haydn. Robusta, plena de grandes sonoridades, de ritmo vivo e melodias contagiantes, é puro Beethoven do início ao fim. Nela Beethoven mostra sua imensa personalidade musical, mesmo dentro de moldes "antiquados".

Ou como disse o compositor Hector Berlioz: "Esta sinfonia é totalmente digna das sinfonias de Beethoven que a precederam e seguiram, e o mais notável é que não é de modo algum semelhante a elas."

AS QUATRO PRIMEIRAS

A *Primeira* e a *Segunda* sinfonias costumam ser vistas como obras menores, ainda perfeitamente adequadas ao modelo clássico, extensões do padrão definido por Haydn em suas últimas obras do gênero. Isso é mais verdadeiro para a *Primeira* do que para *Segunda*, mas mesmo na primeira Beethoven já introduz elementos próprios. De início, a sinfonia é em dó maior, mas

Beethoven começa em fá. Embora isso só possa ser percebido por músicos treinados, e não pelo público em geral, não deixa de ser uma pequena provocação. Além disso, já aqui Beethoven abandona o minueto, dança tradicionalmente usada no terceiro movimento de qualquer sinfonia de Haydn ou Mozart. Embora o próprio Beethoven tenha grafado a palavra "minueto" na partitura, a peça não tem esse caráter. É em ritmo ternário muito rápido, e não há um fragmento sequer nela que possa ser dançado ou permitir uma simples reverência. Já é aquilo que o compositor viria a chamara de "*scherzo*" (brincadeira, em italiano) em suas sinfonias posteriores. Resta falar do caráter, impetuoso e robusto, em especial no primeiro, terceiro e quarto movimentos, muito diferentes dos clássicos.

A *Segunda Sinfonia* vai além. É muito mais brilhante, impetuosa e arrebatada que a *Primeira*. Costuma-se dizer que ela foi composta durante o verão que Beethoven passou em Heiligenstadt, na vã tentativa de curar-se de sua surdez, apontando-se então para o paradoxo de uma obra tão vibrante ter sido escrita em um período tão dramático de sua vida pessoal. Na verdade, Beethoven chegou a Heiligenstadt com os esboços praticamente prontos, e o que fez lá foram os retoques finais. É bem verdade que a sinfonia é compatível ao estilo clássico e se prende aos limites estabelecidos pelo classicismo, mas já demostra alguma vontade de cruzar suas fronteiras. Tem uma introdução lenta bastante desenvolvida e expressiva, que lembra as introduções da *Quarta* e *Sétima* sinfonias. O terceiro movimento é definitivamente um *scherzo*, e assim Beethoven grafou na partitura. Finalmente, o quarto movimento é de grande impetuosidade rítmica, e tem um final ampliado que prenuncia as sinfonias posteriores.

Com a *Terceira* chegamos ao grande marco da música ocidental. É bem verdade que já falamos muito sobre isso no primeiro capítulo, mas ainda há muito mais a ser dito.

O grande maestro e compositor Leonard Bernstein declarou certa vez que "os dois primeiros movimentos da *Sinfonia Eroica* talvez sejam os dois mais importantes movimentos de toda a música sinfônica". Por que apenas os dois primeiros movimentos? Porque, a bem da verdade, é justo dizer que a *Eroica* é, de certa forma, uma sinfonia desequilibrada.

Nunca antes fora criada uma sinfonia tão longa e tão complexa. O primeiro movimento apresenta material temático abundante e extensos desenvolvimentos. Sua duração fica em torno de 15 minutos – metade do que durava no total uma das últimas sinfonias de Haydn ou Mozart. O segundo movimento – uma marcha fúnebre – não perde em duração e complexidade, e aqui podemos falar de uma profundidade emocional absolutamente assombrosa, nunca antes vista em uma sinfonia ou em qualquer obra instrumental. É necessário ouvir atentamente esses dois movimentos para que se tenha uma exata noção do que estamos falando. Não há palavras que possam produzir na mente do leitor uma pálida ideia que seja da grandiosidade dessa música.

O terceiro movimento, no entanto, enquadra-se na melhor tradição clássica: é bem menor, afável, um divertido *scherzo* que faz o ouvinte relaxar depois de tanta dramaticidade. O quarto movimento – também bastante extenso – é ainda mais relaxado do que o que se poderia esperar de uma sinfonia que começara tão grandiosa. É um sofisticado tema com variações, cujo material temático já havia sido empregado por Beethoven em obras anteriores: o final do balé *As Criaturas de Prometeu*,

Opus 43; as *Quinze Variações sobre um Tema Original, Opus 35*; e uma das *Doze Contradanças*, WoO 14.

Evidentemente, esses dois movimentos finais são música de primeira grandeza e de modo algum desmerecem a sinfonia como um todo. Não apresentam, contudo, a ousadia estética dos dois movimentos iniciais que, no cômputo geral, seriam suficientes para fazer da *Eroica* a obra musical mais revolucionária de todos os tempos, como, de resto, é a opinião de numerosos músicos.

Quanto à *Quarta Sinfonia*, esta padece de um mal cronológico. Composta entre a *Terceira* e a *Quinta*, dois monumentos revolucionários, a *Quarta*, embora seja música magnífica, de extrema beleza do começo ao fim, é de certo modo desprezada por boa parte do público por não apresentar a mesma ousadia das suas vizinhas. É bem possível que, se ela fosse a *Terceira*, seria muito mais valorizada. Mas não foi...

A sinfonia foi encomendada a Beethoven pelo conde de Oppersdorff, parente do príncipe Lichnowsky, um dos mais fiéis admiradores e provedores do compositor. Beethoven se referia a ele como "um dos meus mais leais amigos e apoiadores da minha arte". O conde Oppersdorff encomendou a sinfonia a Beethoven, dizendo-lhe que havia apreciado muitíssimo a sua *Segunda Sinfonia*. Com base nisso, acredita-se que Beethoven preferiu não ousar ir além do que havia ido com a *Terceira Sinfonia*.

De qualquer modo, a *Quarta* teve sempre uma legião de admiradores ilustres, como Hector Berlioz e Robert Schumann, que se referia a ela como "uma donzela grega entre dois gigantes nórdicos".

A *NONA*

Se tivesse composto apenas as sinfonias de 1 a 8 e suas coleções de quartetos de cordas e sonatas para piano, já teria sido suficiente para garantir a Beethoven seu lugar entre os maiores músicos da cultura ocidental. E era isso que estava começando a ocorrer. Contudo, 12 anos depois da estreia da *Oitava Sinfonia*, surge a *Nona*, e de modo bastante surpreendente.

Na *Oitava*, como vimos, Beethoven flerta com o passado e o modelo clássico. Na *Nona*, logo ao ouvirmos os primeiros trechos, vemos que ele estabelece um flerte com seu próprio passado, pois volta à fase heroica de 20 anos antes.

O primeiro movimento é intenso, arrebatador e longo, com amplo desenvolvimento dos temas. Tem no mínimo a mesma duração do monumental primeiro movimento da *Eroica*, ou é até mesmo mais longo, dependendo do intérprete. É uma música envolvente e contagiante, do começo ao fim.

Apesar da grande envergadura e profundidade emocional, Beethoven mantém, nos três primeiros movimentos, o antigo princípio clássico do contraste de andamento e de caráter. O primeiro movimento será mais desenvolvido que os dois movimentos seguintes, que serão, conforme o modelo clássico, uma dança – o *scherzo* – e um *adagio*. Contudo, aqui eles estão invertidos, primeiro o *scherzo*, depois o *adagio*, ao contrário do que acontece nas sinfonias clássicas, e mesmo nas sinfonias anteriores do próprio Beethoven. O *scherzo*, aqui, mantém o habitual ritmo ternário vivo, mas o seu caráter não é exatamente "divertido" ou "brincalhão". Em vez disso, é sério e propenso ao heroico.

O movimento seguinte, *adagio molto e cantabile*, alterna dois temas com suas respectivas variações, e é de grande introspecção.

João Maurício Galindo 🐟 *89*

Até aqui, portanto, temos três movimentos de profundo espírito romântico, porém enquadrados no antigo molde clássico vienense. Então, no quarto movimento, Beethoven mais uma vez explode o paradigma, criando para o final da obra uma solução absolutamente inédita. Dizer, como se faz corriqueiramente, que a grande novidade aqui foi introduzir vozes numa sinfonia é algo muito superficial. A questão vai bem mais longe.

Música é uma arte moldada no tempo, e é justamente esta modelagem que Beethoven faz com muita inteligência e perspicácia.

Vejamos, então: o quarto movimento começa com um acorde muito dissonante, uma verdadeira pancada harmônica que para nós pode até soar habitual, o que certamente não acontecia nos ouvidos da época. Trompetes, acompanhados por grande parte da orquestra, parecem anunciar algo com muita aflição. Findo esse pequeno trecho de impacto, começa um recitativo instrumental, com violoncelos e contrabaixos declamando veementemente algo que ainda está por se compreender. A orquestra reitera seu anúncio, violoncelos e baixos novamente respondem com sua declamação. Então, surpreendentemente, ouve-se o início do primeiro movimento. Nossa memória volta-se para uns 40 minutos atrás, para o começo da obra... Mas, em seguida, uma nova pancada subitamente nos traz de volta para o presente. Ouvimos de novo o recitativo dos instrumentos graves. Mais uma interrupção, e ouvimos o início do segundo movimento. E mais uma vez o recitativo, e mais um retorno no tempo, desta vez com o início do terceiro movimento, o *adagio*.

Violoncelos e contrabaixos assumem mais uma vez o protagonismo até que, uma melodia luminosa começa a se insinuar, e toma a cena para si. É uma melodia simples, com espírito de hino, que Beethoven trabalhou e modelou durante anos. A melodia vai crescendo, tomando forma, ampliando-se, tornando-se mais e mais grandiosa até manifestar-se com plena intensidade.

O que poderia acontecer depois disso? Beethoven joga-nos de novo para trás e para frente no tempo musical! Ouvimos mais uma vez a mesma pancada dissonante que deu início ao quarto movimento, seguido pelo mesmo recitativo, só que desta vez cantado pelo barítono, que diz com veemência: "Amigos, esses sons, não! Em vez disso, cantemos algo cheio de alegria!" Orquestra e coro respondem em concordância, e tem início essa uma singela canção que será trabalhada com grande mestria até o final da obra.

Recordar os temas anteriores, ao mesmo tempo que se diz "Esses sons, não! Cantemos outra coisa!". O que, exatamente Beethoven quer com isso? E o que é este quarto movimento? Um tema com variações? Uma cantata? Uma minissinfonia? Talvez seja tudo isso e mais alguma coisa. O próprio Beethoven tinha dificuldade em explicar. Em uma carta aos editores, disse que se tratava apenas de algo como sua *Fantasia Coral, Opus 80*, apenas de maior tamanho.

A obra está aberta à interpretação de cada um, mas é fundamental que se conheçam as relações estabelecidas por Beethoven entre música e letra. Como quando um verso diz que "acima das estrelas deve haver um Pai amoroso", ao mesmo tempo que a música para, vai filtrando os sons graves, projetando os agudos, o que nos dá a sensação de flutuar no espaço. Ir para o céu. Apenas um exemplo. Conhecer essas relações pode ser trabalhoso, mas será profundamente revelador.

A *Nona Sinfonia* foi marcante para as futuras gerações de compositores. Wagner via nela a comprovação de que a aventura da música puramente instrumental chegara ao fim, e o futuro pertencia à integração total entre as artes. Mendelssohn compôs sua *Segunda Sinfonia*, intitulada *Hino de Louvor*, claramente baseado e inspirado pela *Nona*. O mesmo pode ser dito de Gustav Mahler em relação a muitas de suas sinfonias, que incluem a participação de vozes.

Conhecer as sinfonias de Beethoven pode ser uma tarefa para toda a vida. Uma agradável tarefa que nos ensinará algo que muitas gerações de humanos nunca suspeitaram: o quão mágica pode ser a arte da música.

Muitos foram "fisgados" por esse verdadeiro canto de sereia e é por isso que as sinfonias de Beethoven produziram essa tal marca indelével na cultura ocidental.

BEETHOVEN E SUA PRODUÇÃO MENOS NOTÁVEL

MECENAS

Por que conhecer a produção periférica ou menos importante de Beethoven?

Isso é algo que começa como simples curiosidade, mas acaba por nos levar muito além. Essa parte de sua obra – que não é pequena – traz informações de grande interesse sobre sua vida e personalidade, sobre o papel que a música exercia naquele tempo na sociedade vienense e como Beethoven transitou por aquela sociedade.

Comecemos lançando nosso olhar para aquilo que ficou conhecido como "o mito Beethoven".

Durante o final do século XVIII e início do XIX, os músicos viveram uma notável ascensão social. Se voltarmos alguns séculos na história da música, encontraremos músicos extraordinários dos quais não sabemos quase nada. Bons exemplos são Leonin e Perotin, que trabalharam na catedral de Notre Dame nos séculos XII e XIII. Nem mesmo seus nomes completos chegaram até nós. Leonin (Leãozinho) e Perotin (Pedrinho) são pouco mais que apelidos. Do mesmo modo, não se sabe nada sobre suas vidas, além das datas de nascimento e morte e da avaliação de suas partituras feitas cerca um século depois de sua morte.

93

Levou muito tempo para que os compositores saíssem do anonimato, e começassem a deixar alguns sinais na História, mas ainda assim, durante vários séculos, continuaram pertencendo aos extratos sociais mais baixos.

Nos séculos XVII e XVIII, grande maioria dos músicos empregados em uma corte faziam parte da criadagem. Usavam uniforme, como valetes e copeiras, recebiam salário bastante reduzido, podiam ser demitidos a qualquer momento sem indenização e em geral acumulavam em seus empregos funções não artísticas. São célebres os casos de Johann Sebastian Bach, que em seu primeiro emprego, na corte de um duque em Weimar, acumulava as funções de violinista e lacaio, e Mozart, que se revoltava por ter de comer juntos com demais criados do arcebispo Colloredo, em Salzburgo.

As opções profissionais para um compositor eram reduzidas: uma corte, uma igreja ou uma associação municipal. Foi só no início do século XIX que grandes mudanças começaram a acontecer, mudanças que com certeza causariam assombro em músicos dos séculos precedentes. Em um determinado momento, o artesão musical tornou-se artista, e daí passou a gênio; de servo a semideus.

Na Alemanha em particular iniciou-se o culto ao "artista-herói", e em relação a Beethoven, isso atingiu um patamar inimaginável. Começou já durante sua vida, persistindo e intensificando-se durante muitas décadas depois de sua morte. Beethoven passou a ser comparado – e até mesmo considerado – um mago, líder religioso e profeta.

Assim Beethoven era considerado por outros músicos e artistas das gerações posteriores. Para se ter uma ideia da intensidade desse movimento, basta um exemplo, como esta declaração de Franz Liszt: "Para os músicos, a obra de Beethoven é como as nuvens e o fogo que guiaram os israelitas pelo deserto".

Esse culto não partia apenas de outros artistas, senão não teria se tornado tão duradouro. Ele era partilhado por gente muito mais poderosa, como atesta um contrato que Beethoven firmou em 1809. O arquiduque Rodolfo de Habsburgo-Lorena, o príncipe Franz Lobkowitz e o príncipe Ferdinand Kinsky, assinaram um documento em que se comprometiam a pagar uma quantia anual que o mantivesse livre de preocupações para apenas compor o que quisesse, quando quisesse e como quisesse.

Da esquerda para a direita:
Ferdinand Kinsky, Franz Lobkowitz e Rodolfo de Habsburgo-Lorena.
Mecenas de Beethoven, poderosos que admiravam e protegiam o compositor.

Nenhum compositor jamais trabalhara sob condições tão vantajosas. Nenhum fora agraciado com tamanha lisonja. Durante toda a história da humanidade, a música não havia sido mais que um artesanato, e os artesãos ocupados de sua criação tinham que se enquadrar aos gostos, desejos e determinações de seus patrões imediatos e instituições para as quais trabalhavam. Isso se deu nas mais diferentes situações, seja nas relações de J. S. Bach com os líderes da Igreja e da escola de São Tomás, em Leipzig, ou nas de Gioacchino Rossini com os empresários das vaidosas prima-donas que disputavam o protagonismo em suas óperas.

É certo que a ascensão social de compositores já vinha acontecendo pouco a pouco, notadamente na Inglaterra, onde muitos compositores puderam empreender, ganhar dinheiro e subir na escala social. Para isso, contudo, tinham que fazer muito mais que apenas criar música. Muzio Clementi editou partituras e enriqueceu fabricando pianos; George Friedrich Haendel ganhou muito dinheiro produzindo suas próprias óperas e oratórios; Joseph Haydn foi muito bem remunerado e muito adulado graças ao enorme sucesso dos concertos em que dirigiu suas últimas sinfonias. Contudo, o que se passou na capital britânica naquela ocasião foi algo muito diferente do que se deu com Beethoven. Na Inglaterra, já no século XVIII, a música havia se tornando um negócio, um *"business"* em um nível que não se dava em outros países. Havia um grande e entusiasmado público disposto a pagar bem por concertos e espetáculos musicais.

Em Viena, a situação era bem diferente. A música, como negócio, era algo muito distante do que se via na Inglaterra, e isso nos leva a um engano. Podemos pensar que no aquecido ambiente musical londrino os compositores finalmente haviam conquistado a tão desejada liberdade estética. Essa liberdade, contudo, era na verdade limitada pelo gosto e aprovação do público, cada vez maior e mais endinheirado. Os compositores, sagazes, conquistavam uma audiência cada vez maior, sempre atentos a como poderiam agradá-la. Podiam ter se libertado de seus patrões imediatos, mas tinham um novo patrão a agradar, difuso e mutante: o público.

Beethoven, ao assinar o contrato de 1809, não estava preocupado com o público. Seus apoiadores financeiros continuavam a ser a boa e velha aristocracia. Eram, entretanto, aristocratas absolutamente deslumbrados pela genialidade de Beethoven, e talvez o mais importante: sinceros amantes e excepcionais conhecedores de boa música. O arquiduque Rodolfo, 18 anos mais novo que Beethoven, foi seu aluno de piano e também compositor. O príncipe Lobkowitz tocava violino, violoncelo e cantava. Era completamente apaixonado por música, ocupando-se dela a maior parte do tempo e destinando-lhe muito dinheiro. Mantinha uma orquestra completa em seu palácio, e foi com ela que Beethoven realizou os primeiros ensaios e primeira execução da *Sinfonia Eroica*.

Além desses três, muitos outros aristocratas apoiaram Beethoven financeiramente. Em 1800, o príncipe Karl Lichnowsky passou a pagar-lhe uma anuidade de 600 florins, o que durou até 1806. Para que se tenha uma ideia, um salário médio em Viena naquele tempo era no máximo 1.000 florins anuais. Já o contrato de 1809 rendia a Beethoven nada menos que 4.000 florins. Além disso, ele tinha outras fontes de renda, sobre as quais nos debruçaremos adiante. Devem ser citados ainda o conde Razumowsky – a quem foram dedicados os deslumbrantes quartetos de cordas *Opus 59* – o conde Oppersdorff, que também mantinha uma orquestra particular em seu palácio e foi responsável pela criação das *Quarta* e *Quinta* sinfonias – o príncipe russo Nikolas Galitzin, que encomendou-lhe outros três quartetos de cordas notáveis, *Opus 127, 130 e 132*, e produziu a primeira apresentação da *Missa Solemnis* em São Petersburgo, toda a família Brentano, de quem também recebeu generosas contribuições financeiras. A relação é extensa.

João Maurício Galindo 〜 97

Talvez o próprio Beethoven, em seu íntimo, não acreditas-se poder causar tamanha impressão em tantos representantes das elites políticas e financeiras do Império Austríaco e outras regiões. Isso nunca acontecera antes. Haydn trabalhou toda a vida para um único patrão, o príncipe Nikolaus Esterházy; Mozart serviu durante a juventude e com desprazer o arcebispo Colloredo de Salzburgo, para em seguida aventurar-se em uma carreira independente em Viena, vindo a falecer jovem e endi-vidado. A maioria procurava uma posição profissional estável em alguma corte ou igreja, com um salário que lhe proporcio-nasse apenas a subsistência e alguma estabilidade.

Nem Beethoven escapou dessa sensação de insegurança, e mesmo contando com a estima de tantos poderosos, nunca se acomodou com as contribuições que deles recebia. Graças a es-ses benfeitores produziu obras-primas que alcançam o sublime. Mas estava muito atento a outros caminhos que o levassem a uma segurança financeira – e eventualmente à criação de obras de menor qualidade.

O OFÍCIO DE COMPOSITOR

Beethoven acordava bem cedo todos os dias e logo se aco-modava em sua escrivaninha. Trabalhava por várias horas, com algumas interrupções para caminhadas. Parava para almoçar, por volta das duas horas da tarde. Durante esse período dedica-va-se à faceta mecânica de seu ofício: escrevia páginas e páginas de partituras, basicamente costurando suas ideias e passando a limpo os muitos rascunhos que escrevia em outros momentos.

Entretanto, a parte criativa do trabalho não se dava quando estava sentado junto à escrivaninha, mas sim quando saía para as caminhadas, algumas muito longas. Invariavelmente levava consigo alguns blocos de anotações e parava para escrever. Era durante essas caminhadas que surgiam muitas de suas ideias.

Nos verões, alugava alguma casa de campo, ficando muito tempo ao ar livre, e esses períodos tranquilidade pareciam ser ainda mais propícios a novas ideias. Mesmo nos passeios pelo campo, levava nos bolsos papel de música e lápis.

As ideias podiam surgir a qualquer momento. Segundo o compositor tcheco Václav Tomásek, Beethoven disse que às vezes acordava no meio da noite para anotar algumas delas.

De volta à escrivaninha, essas ideias iam se concatenando e as obras iam tomando forma. Segundo alguns de seus contemporâneos, o trabalho composicional de Beethoven não era fácil, fluido. Algumas obras levaram muito tempo para ficar prontas. As sinfonias *Quinta* e *Sexta*, por exemplo, foram compostas entre 1807 e 1808, mas usaram ideias que ele havia anotado em seus blocos três ou quatro anos antes.

Em resumo, depois de desistir da carreira de pianista e decidir dedicar-se à composição, Beethoven passou a criar música o tempo todo, independente de onde estivesse, com quem estivesse ou o que estivesse fazendo. Essa parte do mito é totalmente verdadeira; e como vimos há pouco, apesar do inédito e impressionante apoio que recebia, acreditava estar sempre em difícil situação financeira.

Na verdade, Beethoven sempre viveu modestamente desde a infância, mantendo-se assim por toda a vida, mas nunca passou por apuros financeiros, como aconteceu com Mozart. Nunca se sentiu atraído por luxo ou grande conforto. Além das generosas contribuições aristocráticas, ganhou dinheiro com os concertos que produziu, bem como com a venda de partituras.

A maior dificuldade foi ter vivido em uma cidade cara, com inflação alta e persistente, ajustes monetários frequentes e uma confusa multiplicidade de moedas. A inflação, que surgiu no final do século XVIII, quando Beethoven estava nos seus 20 e poucos anos, só foi detida em 1818 – período em que o país cuidou de financiar as guerras contra Napoleão. Nesse ambiente, a generosa anuidade concedida por Kinsky, Rodolfo e Lobkowitz erodiu-se consideravelmente, de modo que Beethoven estava sempre atento à possibilidade de novas receitas.

Daí o compositor sentir-se constrangido a produzir música de ocasião. Este é um assunto muito pouco estudado da obra de Beethoven. Afinal, tratava-se de música muitas vezes composta sem quaisquer pretensões estéticas, destinada apenas a fazer dinheiro...

DANÇA DE SALÃO

Beethoven escreveu muita música para os bailes realizados em Viena durante o inverno. Um exemplo é a série de danças criadas para o baile da Gesellschaft der Bildenden Künstler (Sociedade de Artistas Visuais), em novembro de 1795. Foram 12 minuetos e 12 danças alemãs, catalogadas respectivamente como WoO 7 e WoO 8. Esse era um baile anual muito concorrido e tradicional e contava com uma orquestra completa. Contudo, é certo que essas danças foram usadas em eventos de menor importância, visto que há versões para grupos pequenos como dois violinos e contrabaixo, e até para piano solo.

Além dessas "danças alemãs", Beethoven produziu minuetos, *Ländler*, contradanças, *ecossaises*, marchas, *polonaises* e valsas.

O *Ländler* era uma dança popular em ritmo ternário, de origem austro-bávara, que se tornou muito popular no final do século XVIII, sendo considerada precursora da valsa. A palavra "contradança" também merece explicação. Vem do francês *contredanse*, que por sua vez vem da dança inglesa *country dance*. Diferente do *Ländler*, era uma dança em ritmo binário. Não era dançada por um casal. Como nossa quadrilha, homens e mulheres faziam duas filas, interagindo-se durante a música. A *ecossaise*, como o próprio nome revela, é uma dança de origem escocesa, na verdade uma variante escocesa da *country dance* inglesa. Não é à toa que essas duas danças britânicas eram grafadas em francês à época: elas efetivamente passaram pela França, tendo sido razoavelmente modificadas antes de chegarem à Áustria e Alemanha.

O leitor mais atento poderá observar que Beethoven escreveu essas danças em 1795, muito antes de obter seu fabuloso contrato de 1809, e isso é verdade. Entre 1795 e 1806, Beethoven escreveu nada menos que 30 minuetos, 18 danças alemãs, 25 *Ländler*, 12 contradanças e 18 *ecossaises*.

Contudo, mesmo após 1809, continuou a fornecer música de ocasião a quem lhe encomendasse. Temos então a produção, a partir de 1808, de peças para banda militar, incluindo-se aí marchas, *ecossaises* e uma *polonaise*.

As situações que motivaram a criação dessas marchas também são interessantes, e nos revelam mais da vida do grande gênio. Em 1822, Beethoven ofereceu à casa editora Peters marchas e toques de recolher! Beethoven as enviou a Peters em 1823, mas a casa as devolveu, alegando tratar-se de música de baixa qualidade!

Veja o leitor que estamos em 1822-1823, quando Beethoven já era considerado um verdadeiro herói, com oito das suas nove sinfonias já criadas e amplamente divulgadas.

Uma dessas marchas, a WoO 18, foi composta a pedido da Böhmische Landwehr – uma milícia da Boêmia. Outras foram encomendadas para as celebrações do aniversário da imperatriz em 1809. Sobre isso, Beethoven escreveu ao arquiduque Rodolfo: "Sua Alteza Imperial quer testar minha música sobre cavalos. Muito bem, mas devo saber se os cavaleiros serão capazes de executar alguns saltos mortais".

Mesmo escrevendo música de ocasião, Beethoven não perdia a imponência, e não sem motivo. Embora todas essas pequenas peças estejam a anos-luz de distância do sublime e transcendental de suas grandes criações, ainda assim Beethoven fazia questão de inserir, aqui e ali, alguma marca pessoal.

CANÇÃO POPULAR

No movimento final da *Sinfonia Eroica*, Beethoven utilizou como tema a melodia de uma de suas contradanças, a WoO 14 n. 7. Foi isso o que fez muitos estudiosos e apreciadores da música de Beethoven lançarem luz sobre a música de dança do compositor. Não fosse por isso, esse repertório muito provavelmente estaria praticamente esquecido.

Pois bem, a mesma sorte não teve a extensa coleção de arranjos de canções populares feita por ele. São muitos, não se conhecendo o número exato, que se aproxima de duas centenas.

Esses arranjos estão entre suas obras mais desprezadas. Muitas biografias do compositor dedicam a elas uma ou duas linhas no máximo. Podemos dizer dessas canções o mesmo que foi dito das danças e marchas militares: estão a anos-luz do sublime. Contudo, não se pode deixar de apontar uma imensa injustiça: do ponto de vista musical, a maior parte desses simples arranjos são muitíssimo melhores que as danças. Nós que vivemos a era da canção, do ouvido rápido e impaciente, que não consegue concentrar-se em uma música com quatro minutos, poderíamos ter nesses arranjos uma excelente maneira de iniciarmos muita gente na música do compositor. Por outro lado, muitos conhecedores da música de Beethoven certamente ficariam surpresos com sua qualidade.

Essa coleção é fruto da iniciativa de um editor de Edimburgo de nome George Thomson, que entrou em contato com Beethoven convidando-o a fazer o trabalho. Era o ano de 1809 – o mesmo ano do célebre contrato com Kinsky, Rodolfo e Lobkowitz. Foi uma longa e frutífera parceria. Os primeiros arranjos ficaram prontos em 1810, novas encomendas se sucederam, Beethoven produziria por volta de 180 partituras por praticamente toda sua vida. As últimas canções foram editadas em 1825, dois anos antes da morte do compositor.

Os arranjos eram destinados a serem comprados pela burguesia que fazia música doméstica, mercado que florescia à época, em especial na Grã-Bretanha. Por isso, não deveria apresentar grandes dificuldades técnicas. Diante disso, Thomson pediu a Beethoven que simplificasse nove deles. Beethoven, irritado, respondeu dizendo que não fora avisado previamente sobre os limites aos quais deveria ater-se e, portanto, não mudaria uma nota sequer. Pouco tempo depois, enviou a Thomson arranjos inteiramente novos das nove melodias. Assim era ele.

Thomson enviava as melodias e Beethoven harmonizava-as como queria, criando um acompanhamento instrumental com piano, violino e violoncelo. Sempre atento à praticidade e às vendas, Thomson pedia a Beethoven que as partes de violino e violoncelo pudessem ser suprimidas, desde que o piano fosse mantido.

João Maurício Galindo 103

As canções enviadas por Thomson eram todas britânicas, mas, atestando seu apreço pelo trabalho, Beethoven começou, por iniciativa própria, a trabalhar com melodias de outros países. Assim, em meio à profusão de canções escocesas, galesas e irlandesas, encontramos muitas tirolesas, alemãs, dinamarquesas, polonesas, espanholas, italianas e até uma em português – "Seus Lindos Olhos".

Se as danças e marchas militares foram claramente feitas por dinheiro, o mesmo não se pode dizer, com precisão, dessas canções. Beethoven acabou recebendo muito menos do que esperava, mas mesmo assim, manteve-se trabalhando nelas por toda a vida, empenhando-se além do que deveria.

Thomson nunca se arrependeu da sua parceria com Beethoven, deixando escrito que esses eram "belos e originais arranjos de um gênio".

POLÍTICA

Beethoven, republicano convicto, chegou a pensar em dar o título de *Bonaparte* à sua *Terceira Sinfonia*, até que, em um dia do ano de 1804, seu amigo Ferdinand Ries procurou-o e contou que Napoleão havia se coroado imperador. Ries descreveu como Beethoven encheu-se de raiva, arrancou a primeira folha da partitura da obra – com a dedicatória ao general francês – e a destruiu. Para ele, o homem que iria libertar a Europa de todas as tiranias havia morrido. A ideia de liberdade, contudo, mantinha-se viva e na folha de rosto da primeira edição da obra lia-se: "*per festeggiare un sovvenire di un gran Uomo*" ("para festejar a memória de um grande homem").

Napoleão não sairia assim tão cedo da mente de Beethoven e nem da vida dos vienenses. Por duas vezes, em 1805 e 1809, o

Exército francês marcharia sobre Viena, e em 1812, o Império Francês atingia o auge de sua extensão.

No dia 8 de dezembro de 1813, Beethoven regeu em Viena um concerto beneficente para os soldados austríacos feridos na Batalha de Hanau, que acontecera há pouco mais de um mês. Nessa batalha, tentou-se encurralar as tropas napoleônicas, que conseguiram abrir caminho em sua retirada da Alemanha em direção à França.

A população vienense ansiava pela derrota dos franceses e pelo final da guerra. Beethoven dirigiu-se à plateia, falando em patriotismo e sacrifício. No concerto, foi estreada a *Sétima Sinfonia*, uma obra plena de otimismo e alegria, com exceção do segundo movimento, em andamento lento, de caráter processional e muito pungente. Estranhamente para nós, pessoas do século XXI, depois de um primeiro movimento exuberante e cheio de ritmo, o público aplaudiu incansavelmente o segundo movimento assim que ele terminou, exigindo, como já vimos, o seu bis. Algo impensável nos dias de hoje. Talvez estivesse mesmo imbuído de dor pelo sofrimento dos soldados aliados que lutavam contra Napoleão.

O programa incluía outra obra inédita de Beethoven: *A Vitória de Wellington*. Era uma referência a outra luta, a Batalha de Vitória, ocorrida na Espanha em 21 de junho daquele mesmo ano de 1813, quando o general britânico Arthur Wellesley, o 1º duque de Wellington, derrotou José Bonaparte, irmão de Napoleão. *A Vitória de Wellington* tornou-se um imenso sucesso. Beethoven acertou em cheio em fazer sua estreia nesse ambiente de comoção e patriotismo.

A gênese da obra é pitoresca e merece ser conhecida. Tudo começou quando Johann Maelzel, pirateando o relojoeiro Dietrich Nikolaus Winkel, patenteou o metrônomo. Beethoven foi um dos primeiros compositores a incluir marcações metronômicas em suas partituras. Maelzel, entre outras coisas, fabricou algumas das cornetas acústicas que Beethoven usava para ouvir melhor. Ele também inventou algo que chamou de *panharmonicum* – uma orquestra totalmente mecânica. Maelzel insistiu com Beethoven para que compusesse uma obra para divulgar sua invenção. Por acaso, a Batalha de Vitória tinha acabado de acontecer, e Maelzel imaginava que se essa música fosse uma homenagem à vitória de Wellington, isso poderia lhes render patrocínio para uma viagem à Londres.

Ao final, Beethoven criou a música, mas desistiu do *panharmonicum*. Fê-la para orquestra mesmo, pois era muito complicada. O resultado é que Beethoven nunca foi à Inglaterra, mas a peça, de 15 minutos de duração, rendeu-lhe uma imensa quantidade de dinheiro.

Foi editada em Londres em 1816, e lá resolveram batizá-la de *Sinfonia da Batalha*. A obra não tem nada de sinfonia, mas esta foi mais uma jogada de marketing muito eficiente, e só aumentou sua popularidade.

Começa com um toque de corneta militar e uma melodia patriótica britânica. Depois, um toque francês e a conhecida melodia "Pois ele é um bom companheiro, ele é um bom companheiro…". Aí temos outras melodias britânicas e francesas, e a batalha propriamente dita, em que são usados sons de instrumentos de percussão militares, espingardas e canhões. No final, "*God Save the Queen*", em estilo contrapontístico. No palco, os dois "lados" da batalha: dois conjuntos de percussionistas simulando os dois exércitos. Para as salas de concerto

O *panharmonicum*, criação de Johann Maelzel, que patenteou também o metrônomo.

Anônimo, L'*Illustration*, 25 de maio de 1846.

da época, foi uma grande novidade. A música fez imenso sucesso e é, sem sombra de dúvida, uma das piores coisas que Beethoven escreveu.

O compositor recebeu muitas críticas e certamente sabia que se tratava de um grande pastiche de ocasião. Contudo, sempre muito suscetível a críticas, defendeu-se. Segundo o crítico musical Michael Rodman, que escreve para o site *AllMusic*, teria respondido a uma delas: "Até aquilo que eu defeco é melhor do que qualquer coisa que vocês possam arquitetar".

BEETHOVEN
E A CULTURA POPULAR:
DOIS EXEMPLOS

O CAMINHÃO DE GÁS

No ano de 1984, dois músicos e atores gaúchos, Hique Gomez e Nico Nicolaiewsky criaram um bem-humorado espetáculo ao qual deram o nome de *Tangos & Tragédias*. O *show* fez imenso sucesso, passou por teatros de vários estados brasileiros, foi visto em Portugal e, em versão espanhola, percorreu vários países latino-americanos. Ficou 30 anos em cartaz, até que se deu o falecimento de Nicolaiewsky.

Hique Gomez interpretava Kraunus Sang, cantor e violinista, e Nicolaiewsky era o maestro Pletskaya, cantor, acordeonista e pianista. Ambos fugiram de seu país natal, a "Sbørnia", logo após ele ter sido invadido pelo *rock-and-roll*. Exilaram-se no Rio Grande do Sul, onde se dedicavam a divulgar a música folclórica de sua terra, que, segundo eles, era baseada na "Grande Lixeira Cultural do Mundo".

Foi assistindo a esse divertido espetáculo em São Paulo, décadas atrás, que me deparei pela primeira vez com a noção de uma "grande lixeira cultural". Confesso que, por mais que o espetáculo fosse apenas uma grande (e muito bem feita) diversão, e por mais que essa frase fosse apenas mais uma das muitas piadas que nele se apresentavam, ela nunca mais saiu de minha cabeça. Pode haver melhor definição para boa parte da cultura de massa dos séculos XX e XXI? Quão fantástica é a ideia de uma lixeira destinada a restos de cultura do mundo todo, onde entra de tudo... Pois nessa lixeira cultural onde de tudo se encontra, não deixaremos de encontrar também muita coisa de Beethoven!

O paradigma é a "musiquinha do caminhão de gás". Muitos dos meus colegas de profissão indignavam-se com a utilização da *Bagatela em Lá Menor,* WoO 59, para uma finalidade tão vulgar. Outros davam de ombros, dizendo que "essa musiquinha não vale nada, mesmo". Enquanto isso, eu filosofava. Em minha opinião, muita gente que conhecia a peça contava para outros menos informados que seu autor era o grande Beethoven. Sempre otimista, eu imaginava que em tempos de cultura de massa, essa seria uma maneira até razoável de mais gente vir a conhecer "biscoitos mais finos", como diria Oswald de Andrade.

O fato é que *Pour Elise*, nome com o qual a bagatela ficou conhecida, sempre fez sucesso, pois, além de ser fácil de ser tocada por pianistas amadores, isso ainda lá no século XIX, não deixa de ser inspirada e agradável de ouvir. Um bom exemplo de um Beethoven mais relaxado, contrário àquela imagem preconcebida do grande gênio irascível e furibundo.

Vamos então aproveitar a deixa para conhecer um pouco mais sobre este outro lado do grande mestre – o Beethoven mais leve.

Como vimos, *Pour Elise* está catalogada como WoO 59, ou seja, é a 59ª das "*Werke ohne Opus*" – trabalhos sem número de *opus*. A catalogação das peças com seus respectivos números de *opus* foi feita em sua maior parte pelo próprio compositor. Também foi ele quem decidiu que muitas de suas obras

Elisabeth Röckel, cantora de ópera, casada com o compositor Johann Nepomuk Hummel, amigos de Beethoven, e, assim como Therese Malfatti, uma das supostas "Elise".

deveriam ficar de fora da lista, por considerá-las de pouca importância. Essas tais obras sem número são muitas, mais de 200, e há entre elas algumas dignas de valor, que vêm sendo trazidas à tona e gravadas. Se o leitor quiser conhecer um exemplo, sugiro ouvir a WoO 36, um conjunto de três belos quartetos de cordas com piano, que já foram gravados por artistas de primeiro nível, entre eles o Quarteto Amadeus e o pianista Christoph Eschenbach.

João Maurício Galindo 🙰 111

Quanto à *Pour Elise*, foi composta entre 1808 e 1810, ou seja, quando Beethoven tinha entre 38 e 40 anos. O compositor nunca divulgou a partitura, que só veio a ser publicada muito depois de sua morte, em 1867. Há duas teorias: uma de que Beethoven queria editá-la, e a prova seria um rascunho datado de 1822. A segunda teoria diz que a pecinha seria uma obra privada, feita para presentear a jovem Therese Malfatti, sobrinha de um médico italiano seu amigo. Beethoven teria manifestado interesse em casar-se com ela, e sabe-se que a partitura autografada foi-lhe dada de presente. "Elise", portanto, seria um pseudônimo de Therese.

À primeira vista, podemos pensar que o grande Beethoven, autor de obras tão monumentais, só se interessaria mesmo por peças de mínima envergadura como as bagatelas por motivos muito pessoais, como no caso de Therese Malfatti. A realidade, contudo, é outra: Beethoven escreveu nada menos que 27 bagatelas, e encarava a maioria delas muito seriamente, tanto que lhes deu números de *opus*. São elas:

- *Opus 33*: Sete Bagatelas
- *Opus 119*: Onze Bagatelas
- *Opus 126*: Seis Bagatelas

As que não receberam numeração de *Opus* são apenas três: WoO 52, 56 e 59 – esta última, a nossa *Pour Elise*.

A composição de bagatelas acompanhou Beethoven por diferentes períodos de sua vida. A primeira foi feita em 1794, quando ele tinha 23 anos e estava há pouco tempo em Viena. As *Opus 33* foram publicadas em 1803, em plena fase heroica – embora as bagatelas não o sejam. As *Opus 119* foram publicadas em 1821 e as de *Opus 126* em 1824, três anos antes do falecimento do compositor.

Temos a tendência de nos concentrarmos apenas no repertório grandioso e sofisticado de Beethoven – as sinfonias, sua ópera *Fidélio*, a *Missa Solemnis*, os últimos quartetos de cordas e no caso da música para piano, sua monumental coleção de sonatas, além dos concertos de piano e o de violino. Desprezamos as obras de menor envergadura, como bagatelas, peças que por definição são de curta duração e pouco ambiciosas, mas que nas mãos de Beethoven resultaram em algumas verdadeiras preciosidades.

Na geração romântica pós-Beethoven, as miniaturas pianísticas foram muito valorizadas e encaradas como repertório de grande seriedade, como os prelúdios, noturnos e estudos de Chopin. Também Schubert com seus *Momentos Musicais* ou Schumann com suas *Cenas Infantis*, e tantos outros deixaram peças de pequena duração que são muito valorizadas. Parece que nesse ponto Beethoven sofre de um preconceito generalizado. Espera-se que tudo que saia de sua pena seja monumental, e isso simplesmente dissolve qualquer possível interesse por suas obras de menor tamanho. É uma pena, pois nas bagatelas Beethoven mostra grande sensibilidade, já antecipando o espírito da geração posterior. A musicóloga Anne-Louise Coldicott tem duas frases especialmente apropriadas para qualificar as bagatelas: "Exibem uma diversidade de atmosferas rapidamente pinceladas" e "proporcionam a oportunidade de fazer experiências em um ambiente mais relaxado que o das sonatas".

Outro fato que comprova a notável habilidade de Beethoven em lidar com pequenas formas é o grande interesse que nutria pelas bagatelas o seríssimo compositor Anton Webern, que viveu entre 1883 e 1945. Ao lado de Alban Berg e de seu mentor Arnold Schoenberg, Webern integrou o núcleo da assim chamada "Segunda Escola de Viena", Explorando o atonalismo e dodecafonismo, Webern criou uma obra de forte personalidade, influenciando gerações de compositores em diversos países. Suas *Seis Bagatelas para Quarteto de Cordas* são diretamente baseadas nas últimas bagatelas de Beethoven, que Webern considerava extraordinários exemplos de alta condensação musical.

Assim, continuo otimista. A musiquinha do caminhão de gás teve pelo menos uma utilidade: sugerir aos apreciadores de boa música que se debrucem sobre as tão esquecidas bagatelas de Beethoven. Sugiro, então, também ao leitor que as ouça todas, o que leva pouco mais de uma hora, e pode ser feito aos poucos, com muito prazer. Aproveito para destacar duas, que considero primorosas: a *Opus 33* n. 5, de grande frescor e brilho, e a *Opus 126* n. 3, um belíssimo e verdadeiramente tocante *andante cantabile e grazioso.*

ODE À ALEGRIA

Pour Elise não é a única melodia beethoveniana absorvida e posteriormente regurgitada pela "lixeira cultural" contemporânea. A ela podemos associar, sem sombra de dúvidas, a melodia composta para a *Ode à Alegria*, do poeta Johann Friedrich Schiller (1751-1812). Poucas são as pessoas que nunca a ouviram – devidamente truncada – em cerimônias de casamentos; muitos são os pais que se exasperaram ouvindo seus filhos pequenos tocando-a em flautas doces, exercitando-se para a apresentação de fim de ano da classe de música da escola.

A utilização da melodia na cultura popular é muito frequente. *Ode to Joy* é o nome de uma série de televisão chinesa de 2016, que usa a melodia de Beethoven como tema; foi usada também no filme *Laranja mecânica*, de Stanley Kubrick, de 1971; e a lista prossegue com *Duro de matar* (1988), *Sociedade dos poetas mortos* (1989), *Mudança de hábito 2* (1991), entre outros. Além disso, pode ser ouvida em séries consagradas como *The Muppets* e *Mister Bean*, e em comerciais de TV de empresas como Argos, Nintendo, Casio, Alfa Romeo, entre outras pelo mundo afora.

Paro por aqui para não cansar o leitor com tantos exemplos e manifesto mais uma vez meu irremediável otimismo, esperando que tantas versões diferentes, espalhadas por tantos lugares, possa convidar os ouvintes a conhecer melhor a obra original – o que não é uma tarefa tão simples.

Friedrich Schiller, um dos maiores nomes do Romantismo alemão, autor do poema "Ode à alegria", usado no quarto movimento da *Nona Sinfonia*.

Gerhard von Kügelgen, 1808-1809.

Para isso, comecemos falando do hábito de se executar o quarto movimento da *Nona Sinfonia* isoladamente, numa tentativa de poupar o ouvinte da extenuante tarefa de ouvir a sinfonia na íntegra. Ocorre que – como vimos, aliás, no capítulo "Sinfonias" – o quarto movimento da *Nona Sinfonia* é essencialmente ligado a tudo o que foi tocado antes, e essa ligação, no momento em que surge, e como é elaborada, é um dos pontos mais notáveis da obra e quiçá de toda a música ocidental. Se a ideia é um concerto que não exija tanta atenção do público, melhor escolher outro repertório, deixando assim de passar a *Nona* pelo triturador de lixo. Obras leves, curtas e agradáveis existem em imensa quantidade.

Outra questão de grande importância diz respeito ao texto, e o público aficionado de ópera conhece-a muito bem. Esse público pratica há séculos o hábito de ler e conhecer o enredo da ópera que irá assistir. Aliás, não faz muito tempo, ainda era possível encontrar à venda no Brasil pequenos volumes de baixo custo com o libreto de uma ou mais óperas. São vendidos no exterior, e na internet podemos encontrar à venda até mesmo catálogos de libretos editados desde o século XVIII. Nos dias de hoje, além de se dispor dos libretos, a maioria das casas de ópera utilizam a projeção de legendas, exatamente como no cinema. Chegamos ao ponto de que mesmo na Itália projetam-se legendas em inglês e também em italiano!

Ocorre que nem sempre é fácil entender a própria língua mãe cantada, quando o cantor tem atrás ou diante de si uma grande orquestra sinfônica. Para projetar a voz, muitas sílabas e conexões de palavras resultam pouco inteligíveis.

Portanto, voltando à Beethoven, mesmo para quem tem o alemão como língua mãe, é difícil compreender a letra da *Ode à Alegria* em um concerto; e ouvir essa obra sem saber o que está sendo dito é perder certamente grande parte do seu significado. Fica-se com a beleza das melodias, o vigor e as delicadezas da orquestração, a inteligente organização formal e harmônica, mas o cerne do pensamento de Beethoven, que são justamente as notáveis relações entre texto e música, perdem-se completamente.

Contudo, vamos melhorar um pouco a situação, imaginando que em determinado concerto haja legendas em que possamos ler os versos de Schiller enquanto a música é tocada. É uma situação muitíssimo melhor, mas mesmo assim, o ouvinte precisará de certa presteza para associar texto e música, à medida que se apresentam. Se for um amante de ópera já habituado a fazê-lo, tanto melhor. Sabemos, porém, que grande parte de nosso público não tem essa prática. Portanto, o melhor mesmo é conhecer o texto de antemão.

Seria muito fácil se houvesse a possibilidade de se adquirir uma gravação em vídeo da *Nona Sinfonia* com as tais legendas em português. Como eu não conheço nada parecido, decidi persistir em meu otimismo, trazendo aqui um pequeno e sucinto guia para ajudar o ouvinte nos primeiros passos da compreensão dessa obra monumental. Beethoven estabelece muitas relações entre texto e música, e em diversos planos, ou seja, há aquelas que podem ser percebidas facilmente e de imediato, e outras que são muito sutis, e costumam ser percebidas numa segunda ou terceira audição.

Vamos então a alguns pontos-chave, que evidentemente não esgotarão o assunto. O texto está aqui associado a marcas cronométricas da música. Evidentemente, essa cronometragem variará dependendo da gravação escolhida pelo leitor. Contudo, creio que com as indicações que selecionei, será possível fazer uma associação perfeita.

0'00" Trecho 1

Puramente instrumental

6'00" Trecho 2

Solo de barítono, em estilo recitativo. A orquestra responde e pontua.

Observe-se como a orquestra de início dialoga com o solista, aparentando dúvida quando este diz "mudemos de tom", e em seguida, compreende o que ele está a dizer e demonstra concordância.

> *Oh amigos, mudemos de tom!*
> *Entoemos algo mais agradável*
> *E que seja repleto de alegria!*

7'00" Trecho 3

Começa, efetivamente, a canção *Ode à Alegria*.

Quatro solistas – soprano, contralto, tenor e barítono – e coro alternam-se.

São três estrofes. Cada uma é cantada inteiramente por um ou mais solistas; em seguida, o coro repete os quatro versos finais.

> *Estrofe 1*
> *Alegria, a mais bela centelha divina*
> *Filha do Paraíso*
> *Ébrios de fogo entramos*
> *Em teu santuário celeste!*
> *Teus encantos unem novamente*
> *O que o rigor da moda separou*
> *Todos os homens se tornam irmãos*
> *Onde tuas ternas asas repousam.*

Estrofe 2

A quem a boa sorte tenha favorecido
de ser amigo de um amigo
Quem já conquistou uma doce companheira
Rejubile-se conosco!
E alegre-se também aquele que ao menos
uma alma possa chamar de sua sobre a terra
Mas quem nunca o tenha podido
livre de seu pranto a nossa aliança!

Estrofe 3

Todos os seres bebem da alegria
No seio da Natureza
Todos os bons, todos os maus
Seguem seu rastro de rosas
Ela nos dá beijos e vinhas
É nossa amiga até a morte
Deu vida aos mais humildes
E ao querubim que se ergue diante de Deus!

Nesse ponto, ao final da terceira estrofe, Beethoven faz uma referência a Deus. O tecido musical vai para o agudo – e o agudo sempre se associou, na tradição musical europeia, ao alto. Trata-se de uma derivação de um fenômeno fisiológico. Cantamos sons agudos, esticamos nosso pescoço para cima. Cantamos sons graves, tendemos a olhar para baixo. A segunda referência a Deus está no uso dos trompetes, que aqui se destacam. Também na tradição europeia, os trompetes, por serem instrumentos de som potente e penetrante, estiveram sempre associados a poder. Finalmente, a palavra Deus é repetida várias vezes, e Beethoven faz uma indicação de que o último acorde seja sustentado por um longo tempo. Alguns maestros sustentam-no por vários segundos. É uma referência à perenidade.

9'30" Trecho 4

Depois de uma pausa, começa de novo a melodia, variada. Ela é cantada pelo tenor, e desta vez ela aparece emoldurada dentro de uma marcha militar. São usados típicos instrumentos militares da época: bumbo, pratos, triângulo e flautim. Essa é outra antiga tradição da música europeia, já praticada por Joseph Haydn em sua *Sinfonia n. 100*, conhecida como *Sinfonia Militar*.

O leitor pode indagar-se sobre o que faz uma marcha militar, portanto uma alusão à guerra, em uma obra que professa a alegria e união de todos os humanos.

Vejamos o texto:

> *Alegres, alegres como sóis que voam*
> *cruzando o magnífico espaço celeste*
> *Sigam, irmãos, o seu caminho*
> *alegres como um herói para a vitória!*

Evidentemente, não se trata mesmo de uma alusão à guerra, mas sim à própria luta da vida. Na melhor tradição judaico-cristã, é certo que a alegria e a felicidade não virão sem esforço.

Mais uma vez, o coro reitera o texto, repetindo os dois últimos versos.

11'00" Trecho 5

Longo trecho instrumental, de extrema complexidade – uma fuga – e de grande dificuldade técnica. Exige muito empenho dos instrumentistas e muito estudo por parte do maestro. A analogia é evidente; trata-se da personificação musical – se é que se pode usar esta expressão – da própria luta à qual o cantor acabou de se referir.

É muito interessante observar os músicos neste trecho, e o esforço que são obrigados a fazer para tocá-lo com precisão.

12'00" Trecho 6

Nesse ponto exato, a complexa fuga chega ao fim, e a orquestra mais uma vez emana dúvida. Depois de tanta luta, chegou-se à vitória? Como um soldado que se ergue ao final da batalha, e olha para os lados tentando entender o que acontece, chega-se, sim, à conclusão de que a vitória foi obtida, e o coro canta a melodia da *Ode à Alegria* com grande júbilo.

13'00" Trecho 7

Nesse ponto, Beethoven introduz a segunda parte do poema de Schiller, cujos versos até agora não haviam surgido:

> *Abracem-se, milhões!*
> *Mandem um beijo para todo o mundo!*

O trecho inicia-se com as vozes masculinas do coro, cantando esses dois versos. Logo em seguida, as vozes femininas unem-se às masculinas.

14'00" Trecho 8

Nesse ponto, a música transforma-se em uma oração:

> *Irmãos! Sobre a abóbada estrelada*
> *um pai amoroso deve viver.*
> *Prostrais-vos perante Ele, milhões.*
> *Pressentis ao Criador?*
> *Buscai-o além da abóbada estrelada!*
> *Sobre as estrelas Ele deve viver!*

Em "Prostrai-vos", a música se torna lenta e solene, de nítido caráter religioso.

Em "Pressentis o Criador?", surge um crescendo e uma progressão harmônica ascendente, muito nitidamente perceptível, que sugere uma busca aflita.

Em "Buscai-o além da abóboda estrelada", a música começa novo movimento ascendente.

Em "Sobre as estrelas Ele deve viver", a tessitura é bem aguda, sugerindo novamente o olhar para cima. A música fica estática, aparentemente ininteligível, cada vez mais aguda, demonstrando dúvida e expectativa.

16'00" Trecho 9

Novo canto de júbilo por parte do coro, acompanhado pela orquestra.

Desta vez, dois textos estão superpostos:

> *Abracem-se, milhões!*
> *Mandem um beijo para todo o mundo!*

e

> *Alegria, a mais bela centelha divina*
> *Filha do Paraíso*
> *Ébrios de fogo entramos*
> *Em teu santuário celeste!*

A música tem nítido caráter processional.

Talvez Beethoven tenha aqui imaginado uma gigantesca procissão de milhões de seres em busca de uma utopia fraterna.

17'30" Trecho 10

O júbilo arrefece e o ritmo processional cessa.

A música torna-se novamente misteriosa, de caráter religioso e ascensional, com predominância das vozes masculinas, em consonância com os versos já ouvidos:

Prostrais-vos perante Ele, milhões.
Pressentis ao Criador?
Buscai-o além da abóbada estrelada!

Poucos segundos depois, a música torna-se doce ao surgir novamente o verso:

Sobre as estrelas. Ele deve viver!

18'30" Trecho 11
Trecho final da obra, sobre os seguintes versos:

Alegria, Filha do Paraíso
Teus encantos unem novamente
O que o rigor da moda separou
Todos os homens se tornam irmãos
Onde tuas ternas asas repousam.

Esse é um canto final de júbilo, e há dois momentos que merecem ser destacados. Nos dois, a pulsação rítmica cessa, tornando-se o tecido sonoro nitidamente elástico. A primeira vez é feita pelo coro, a segunda pelos cantores solistas, sendo esta segunda ainda mais elástica que a primeira.

Nesses dois pontos, a música está construída sobre o verso "onde tuas ternas asas repousam". É evidente aqui a analogia entre a elasticidade sonora e a imagem das asas se abrindo. A música para de modo lento e suave exatamente sobre a palavra "repousam".

Finalmente, depois de um silêncio, voltam os instrumentos "militares" – percussão e flautim – para o término da obra, com espírito de vitória e alegria.

Beethoven escolheu os seguintes versos e os ordenou da seguinte maneira, repleta de ênfases que, associadas à música, elevam a uma enésima potência a força expressiva do final da obra.

Abracem-se, milhões!
Mandem um beijo para todo o mundo!
Para todo o mundo!
Irmãos! Sobre a abóbada estrelada
um pai amoroso deve viver,
um pai amoroso deve viver.
Abracem-se! Abracem-se!
Mandem um beijo para todo o mundo!
Para todo o mundo! Para todo o mundo!
Mandem um beijo para todo o mundo!
Para todo o mundo! Para todo o mundo!
Todo o mundo! Todo o mundo!
Alegria, a mais bela centelha divina!
A mais bela centelha divina!
Filha do Paraíso!
Alegria, a mais bela centelha divina!
A mais bela centelha divina!

A experiência de ouvir a *Ode à Alegria* acompanhando essas relações entre texto e música é imensamente superior à simples audição da música. Deixo aqui minha forte recomendação ao leitor para que tente fazê-lo usando esse pequeno roteiro.

UM CAMINHO
ATÉ BEETHOVEN

Ler sobre música pode ser muito bom, mas ouvir a música sobre a qual se lê resulta, evidentemente, em uma experiência de prazer e interesse ainda maiores. Por isso, neste capítulo final vamos rever obras que foram citadas previamente, deixando algumas sugestões de gravações. Boa parte delas pode ser obtida na internet, de maneira legal, comprando-se por valores bem baixos arquivos em diferentes formatos, como mp3, wave, flac, ou outros, e também em serviços de *streaming* de música. Há também muitas postagens gratuitas feitas pelos próprios executantes, que têm por objetivo divulgar seu trabalho.

Incluem-se peças que não são de Beethoven. Conhecê-las é fundamental para que se compreenda como foi construído o riquíssimo caminho da música ocidental, que preparou a gênese da obra beethoveniana.

Não foi exagero, portanto, ainda no primeiro capítulo, termos voltado vários séculos, buscando um compositor do final da Idade Média e outro do final da Renascença: Guillaume de Machaut (1300-1377) e Michael Praetorius (1571-1621).

De Machaut foi citada a *Messe de Notre Dame*, composta antes de 1365. Ela é o primeiro exemplo que temos de uma missa completa – *Kyrie, Glória, Credo, Sanctus, Agnus Dei* – musicada por uma única pessoa. Antes disso, o habitual era usar em uma missa trechos avulsos, de diferentes compositores. Trata-se, portanto, de um marco, uma obra de grande envergadura (tem quase 30 minutos de duração), de escrita moderna para a época, e que portanto começa a se distanciar da mera função utilitária, apontando para a possibilidade da existência de obras de arte musicais. São ainda os primeiros passos de uma longa trajetória, mas muito significativos. Essa tese reforça-se pelo fato de Machaut ter sido um dos primeiros compositores a sair do anonimato, sobre o qual temos informações biográficas precisas.

A *Messe de Notre Dame* tem um estilo musical muito diferente do que estamos habituados hoje, podendo soar instigante para uns, ou desinteressante para outros. De qualquer forma, vale a pena ouvir pelo menos alguns de seus trechos. Sugiro duas gravações: a primeira é com a Oxford Camerata, dirigida por Jeremy Summerly; a segunda fica a cargo do Ensemble Organum, sob a direção de Marcel Pérès. A diferença de sonoridade entre as duas é assombrosa. Enquanto Summerly opta por um som arredondado e elegante, Pérès vai para o rústico e enérgico, chegando a sugerir contornos melódicos de caráter árabe. Infelizmente, gravações são quase sempre redutoras. Ouvir uma obra como esta dentro de uma grande catedral gótica seria certamente uma experiência muito mais arrebatadora.

De Michael Praetorius foi citada a obra *Terpsichore*, uma compilação de mais de 300 danças de corte, a maioria delas de origem francesa. De modo análogo ao que foi dito sobre a *Messe de Notre Dame*, também *Terpsichore* representa um passo em direção à valorização da música enquanto obra de arte. É certo tratar-se de danças – música utilitária, portanto –, mas o fato de um compositor extremamente culto como era Praetorius ter-se ocupado de arranjá-las cuidadosamente e incluí-las no seu monumental tratado *Syntagma Musicum*, é uma evidência de preocupação artística.

126 ❧ *Beethoven*

As danças de *Terpsichore* são deliciosas de se ouvir, mesmo para os ouvidos mais acostumados com a modernidade. Há, portanto, muitas gravações disponíveis. Algumas antigas são excelentes, como a do Praetorius Consort, dirigida por Christopher Ball, de 1976; a do New London Consort, com direção de Philip Picket, de 1986 – esta com número maior de músicos, produzindo uma sonoridade bem mais generosa; ou a do Early Music Consort, dirigido por David Murrow, de 1996.

Essas duas obras – *Messe de Notre Dame* e *Terpsichore* – são emblemáticas de uma situação que perdurou por séculos: o músico profissional trabalhava ou para uma igreja ou para uma corte, produzindo música adequada a esses ambientes e suas atividades.

À direita, um cravo do século XVII, e, à esquerda, Beethoven compondo em seu estúdio.

Nas cortes e na burguesia emergente floresceu um notável repertório caseiro para instrumentos de teclas como o cravo, o clavicórdio e, mais tarde, o piano. No que se refere a esse repertório, foram citados no primeiro capítulo os compositores

William Byrd, François Couperin, Domenico Scarlatti e Johann Sebastian Bach.

Byrd trabalhou entre o final do século XVI e início do XVII. Para uma visão geral da sua obra para cravo, vale a pena conhecer o álbum *My Ladye Nevells Booke*, composto por 3 CDs. São 42 peças avulsas, com exceção de 9, que estão organizadas em uma suíte chamada *A Batalha*. Ladye Nevell era provavelmente uma aristocrata aluna de Byrd, a quem ele presenteou com as peças dessa coleção. A execução fica por conta da sensível e elegante cravista norte-americana Elizaberh Farr.

François Couperin viveu entre 1668 e 1733, e, embora um pouco mais velho, foi contemporâneo de J. S. Bach, que viveu entre 1685 e 1750. Assim, como Johann Sebastian, François Couperin nasceu em uma tradicional família de músicos, de várias gerações. Sua importância no que diz respeito ao desenvolvimento do repertório para instrumentos de teclado é comparável à de Bach, que, aliás, admirava muitíssimo sua obra. Os dois músicos chegaram a trocar correspondência. François Couperin foi também muito admirado por compositores de gerações subsequentes, como Johannes Brahms, que trabalhou na primeira edição alemã de suas obras, Maurice Ravel, que lhe dedicou uma de suas composições mais conhecidas, *Le Tombeau de Couperin*, e Richard Strauss, que orquestrou algumas de suas peças.

O essencial de sua obra para cravo são quatro livros, *Pièces de Clavecin*, números 1, 2, 3 e 4. Cada um tem várias suítes – que Couperin chama de *Ordres*. Cada suíte é composta por muitas peças pequenas, com duração total que em geral varia entre 15 e 30 minutos. Curiosamente, Couperin dava alguns títulos instigantes a algumas das peças que compõem essas suítes. A segunda suíte ou ordre tem entre minuetos, gavotas e sarabandas uma peça de nome *La voluptueuse*. A *Ordre n. 6* é toda composta de títulos evocativos como *Os Ceifadores*, *A Suave Languidez*, *O Chilro*, *As Barricadas Misteriosas*... Para quem quiser conhecer a música de Couperin, uma boa sugestão e começar justamente por esta Ordre n. 6. Uma interpretação sugerida é de Joyce Lindorff.

Domenico Scarlatti, assim como François Couperin, ficou para a história por sua obra para cravo e foi igualmente admirado e cultuado por grandes compositores que o sucederam, como Béla Bartok, Franz Liszt, Johannes Brahms, Olivier Messiaen, Dmitri Shostakovich, entre tantos outros. Era contemporâneo de J. S. Bach, e muito admirado também por este. Deixou 555 sonatas em apenas um movimento, que ocupam um importantíssimo ponto na transição entre o barroco e o classicismo. A maioria foi composta para cravo e algumas para o recém-criado fortepiano. Scarlatti teve uma formação musical tipicamente italiana, mas viveu a maior parte de sua vida na península ibérica, como professor da princesa portuguesa Maria Barbara, que viria a se tornar rainha da Espanha. Por isso, a influência da música portuguesa e espanhola é claramente perceptível em sua obra, o que ajudou a tornar seu estilo muito particular.

Ao contrário do que acontece com a música de Couperin, muitos consideram as sonatas de Scarlatti plenamente adaptáveis ao piano. Assim, grandes pianistas incluíram-nas em seu repertório e as gravaram, como Vladimir Horowitz, Martha Argerich, Christian Zacharias, Ivo Pogorelich. São gravações que merecem ser conhecidas.

Finalmente, temos Johann Sebastian Bach, com sua monumental produção para o cravo: invenções em 2 e 3 vozes, 6 suítes francesas, 6 suítes inglesas, 6 partitas, 2 volumes do *Cravo Bem Temperado*, cada um com 24 prelúdios e fugas, mais tantas outras obras avulsas e concertos para cravo e cordas. Isso sem falar na transcendental *A Arte da Fuga*, que a rigor é uma obra de instrumentação aberta, podendo ser tocada ao cravo ou em outras formações instrumentais.

Bach já estava atuando com ampla maestria no terreno da música instrumental pura e de grande valor estético, indo muito além do simples entretenimento. Contudo, esse aspecto de sua obra era conhecido por poucos, que em geral não lhe davam o devido valor. A música de Bach era por muitos considerada antiquada e desinteressante, e teria de esperar o século XIX para encontrar seu público. Paradoxalmente, estava mesmo à frente do seu tempo, embora fosse tida como anacrônica durante sua vida e nas sete décadas que se seguiram ao seu falecimento.

A quantidade de pianistas e cravistas que gravou obras de Bach é enorme. Mais interessante que recomendar um ou outro intérprete é confrontar o uso do cravo e do piano. O cravo é um instrumento que não dispõe de alguns recursos estratégicos disponíveis no piano. O primeiro dele é a possibilidade de variar com muita versatilidade a intensidade do som. No piano, pode-se tocar uma sequência de notas, produzindo cada uma com um volume de som diferente. No cravo, isso é impossível. Um segundo recurso importante do piano é o do pedal de sustentação, que pode criar verdadeiras nuvens de som. Por outro lado, o cravo tem um recurso interessantíssimo que o piano não tem, que é imitar o som de um alaúde.

Para muitos músicos e apreciadores da obra de J. S. Bach, tentar conseguir o som da época, aquele som exato que Bach teria ouvido, é algo absolutamente essencial, e por isso acreditam que tocar este repertório ao piano é uma verdadeira heresia. De outro lado há aqueles que consideram Bach um músico profundamente conectado com a essência da linguagem musical, e menos preocupado com qual tipo de instrumento iria executar suas peças. Para defender essa posição, apontam as muitíssimas transcrições que ele fez de suas próprias obras, e de obras de outros compositores. Assim, vale a pena ouvir a mesma obra tocada ao cravo e ao piano.

Ficam aqui algumas sugestões. Ao piano, Murray Perahia, agraciado com o Prêmio Bach da Fundação Kohn e Royal Academy of Music, Glenn Gould, cuja clareza de execução das mais complexas texturas polifônicas assombrou o público dos anos 1950 e 1960, e o mais jovem dos três, Piotr Anderszewski, dono de um deslumbrante fraseado.

Ao cravo, o primeiro nome a ser lembrado deve ser o do holandês Gustav Leonhardt, um verdadeiro monstro sagrado, pioneiro nas pesquisas de execução em instrumentos de época. Gravou obras de Bach no início dos anos 1950, foi aclamado durante décadas como um dos mais importantes intérpretes do compositor, influenciando muitas gerações subsequentes. A segunda sugestão é Pierre Hantaï, que foi aluno de Leonhardt, e é um dos mais celebrados cravistas da atualidade.

Passemos agora à música de conjunto e sinfônica, com a sugestão de percorrer o vasto caminho formado pelos seguintes compositores, todos citados nos capítulos prévios: Giovanni Gabrieli, Arcangelo Corelli, Johann Sebastian Bach, Antonio Vivaldi, Giovanni Sammartini, Wolfgang Amadeus Mozart, Joseph Haydn e Luigi Cherubini. Cada um a seu modo deu uma expressiva colaboração à evolução da música puramente instrumental que resultaria nas grandes sinfonias e concertos de Beethoven.

Giovanni Gabrieli (1557-1612) foi um pioneiro das grandes sonoridades instrumentais, produzindo um notável repertório de obras policorais (ficaram conhecidas assim, mas trata-se de música sem corais, totalmente tocadas por instrumentos). Eram executadas na catedral de San Marco, em Veneza. Vale aqui o mesmo que foi dito para a *Messe de Notre Dame*, de Machaut: nenhuma gravação reproduzirá o efeito obtido dentro da grande catedral, com os grupos em diálogo explorando a magia da reverberação sonora dos seus arcos e naves. O CD *Gabrieli for Brass Venetian Extravaganza* é excelente para se conhecer este repertório. A execução fica a cargo de um grupo de modernos instrumentos de metal, formado por alunos de duas escolas de excelência: a britânica Royal Academy of Music e a norte-americana Juilliard School, dirigidos por Reinhold Friedrich. Trata-se de um grupo de estudantes, mas o nível de execução é altíssimo.

Arcangelo Corelli (1653-1713) entrou para a história ao consolidar e atingir o mais alto nível artístico do "concerto grosso", um precursor do concerto sinfônico. Suas obras foram editadas em diversos países e ele tornou-se um dos músicos mais influentes de sua geração. O registro do conjunto Gli Incogniti, de 2014, impecável, fica aqui como recomendação.

Antonio Vivaldi (1678-1741) pertence a uma geração posterior a Corelli, foi um verdadeiro gênio do barroco veneziano, e tem entre suas obras preciosidades relativamente pouco conhecidas. Se o assunto aqui é o caminho percorrido pela musical instrumental até chegar ao som sinfônico moderno, a contribuição de Vivaldi é gigantesca, com centenas de obras. Alguns criticam a quantidade em desfavor da qualidade, mas o que muitos não sabem é que uma boa quantidade de seus concertos são obras didáticas, feitas para a orquestra de meninas de um orfanato veneziano, o Ospedale della Pietà. Didáticas que são, têm suas limitações técnicas e estéticas. Procurando com alguma diligência, nos deparamos com obras absolutamente brilhantes, e um exemplo que não pode de modo algum deixar de ser ouvido é o *Concerto com molti strumenti, RV 558*, às vezes também chamado de *Concerto com Mandolini*, em particular na virtuosística versão de Fabio Biondi e o conjunto Europa Galante. É absolutamente eletrizante!

Johann Sebastian Bach deixou muitas páginas orquestrais notáveis que integram suas cantatas, além dos seis *Concertos de Brandenburgo* e das quatro suítes para a orquestra. De todas essas, destaca-se como a que tem orquestração mais rica e grande envergadura o *Concerto de Brandenburgo n. 1*. Uma belíssima interpretação é de 2009, com a Orquestra Mozart, dirigida por Claudio Abbado, tendo como primeiro violino Giuliano Carmignola.

Catedral de San Marco em Veneza.

Chegamos então a Giovanni Sammartini (1700-1755), um compositor que, como já foi dito, é muito pouco conhecido, cujas sinfonias tiveram um papel importantíssimo na transição do estilo barroco para o clássico. Sammartini está sendo redescoberto agora, e existem poucas gravações de sua obra. A sugestão é o registro da Orchestra da Camera Milano Classica, dirigida por Roberto Gini. Dentre as 18 obras registradas, uma das que mais claramente aponta para o estilo galante pré-clássico é a *Sinfonia em D* (*Symphony in D*), número de catálogo J-C 21.

Joseph Haydn tinha 23 anos quando Sammartini faleceu, e muitos musicólogos defendem a tese de que as sinfonias deste o influenciaram. A partir do legado de Sammartini, Haydn desenvolveu o gênero sinfônico como nenhum contemporâneo seu o fez. Deixou uma produção imensa, com 104 obras do gênero.

É interessante comparar duas sinfonias de Haydn, uma do início de sua produção, com uma das últimas. A *Sinfonia n. 4*, por exemplo, segue exatamente o modelo da *Sinfonia em D*, J-C 21, de Sammartini: três movimentos, o primeiro em andamento rápido e brilhante; o segundo, lento; e o terceiro, um minueto em andamento moderado. Logo Haydn introduziria um quarto movimento em suas sinfonias, também com caráter de dança, mas marcadamente diferente do minueto. Sua última sinfonia, a de n. 104, foi feita em Londres, para ser apresentada naquela cidade. Haydn usa no quarto movimento um canto que ouviu nas ruas da capital inglesa. Já há muito tempo os últimos movimentos de suas sinfonias tinham caráter de dança popular. Os dois últimos movimentos das sinfonias do compositor – e de muitos de seus contemporâneos – procuravam fazer referência a dois mundos: o aristocrático, por meio do minueto, e o burguês, por meio das danças de caráter mais popular.

Com suas últimas 12 sinfonias compostas para duas temporadas londrinas, Haydn chega ao ápice gênero sinfônico, que havia derivado de simples aberturas de ópera, para se tornar um agradável entretenimento aristocrático nos salões dos palácios de amantes da boa música. Com o advento dos concertos públicos, a

134 ❧ Beethoven

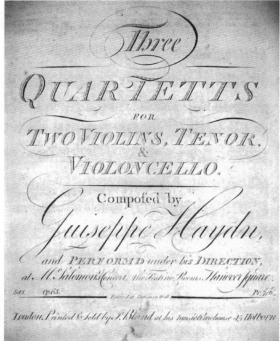

Acima, gravura de 1843 do salão do Hanover Square Rooms, em Londres. Ao lado, anúncio para a apresentação da *Opus 65* dirigida por Haydn, em 1791, na mesma cidade.

sinfonia caiu no gosto do público burguês e precisou crescer em envergadura, sonoridade e diversidade estética. Haydn foi o compositor que melhor cumpriu esse papel. Foi por isso que ganhou o apelido de "Pai da Sinfonia", e não exatamente por ter inventado o gênero, que, como vimos, desenvolveu-se por décadas a fio.

Beethoven tomou o modelo sinfônico de Haydn e o levou a um nível que ninguém naquela época poderia suspeitar. Contudo, para entendermos como isso aconteceu, precisamos ouvir mais alguns exemplos musicais, citados nos capítulos anteriores: o estilo galante, o *Empfindsamkeit* e o "*Sturm und Drang*".

O estilo galante surge como uma notável simplificação do barroco, que atinge todos os elementos que constituem a obra musical: melodia, acompanhamento, harmonia, envergadura. A melodia acompanhada substitui os complexos tecidos polifônicos, a variedade de acordes diminui, formas mais extensas como a suíte dão lugar à sinfonia de apenas três movimentos. Esse novo estilo efetivamente deixou para trás o barroco – que era o que se desejava –, mas acabaria por ceder à inquietação de alguns compositores, e seria submetido a novas alterações. As primeiras vieram de compositores da região de Berlim, e esse estilo ganharia o nome de *Empfindsamkeit*, ou estilo sensível.

Um cuidado: não se deve deixar levar pelo estereótipo de que, por oposição ao estilo sensível, o estilo galante fosse música fria, onde falta sensibilidade. Nada mais falso. Há muita beleza em obras tidas como "galantes", como no encantador *Concerto para Flauta e Harpa*, de Mozart. A grande diferença entre esses estilos está principalmente, no caso do *empfindsamer Stil*, na procura por surpreender o ouvinte, tirá-lo de uma espécie de "zona de conforto", chamá-lo para acompanhar a obra com mais atenção, que se afastaria da simples função de música de fundo.

UNDER THE IMMEDIATE PATRONAGE OF

His Majesty.

PHILHARMONIC SOCIETY.

FIFTH CONCERT, MONDAY, MAY 1, 1826.

ACT I.

Sinfonia, Letter T. - - - - - - - *Haydn*
Quartetto, " " Madame Pasta, Signor Curioni,
Mr. Phillips, and Signor De Begnis - - - - *Wiegl.*
Concerto Flute, Mr. Fürstenau (First Flute to the King of Saxony) - *Fürstenau*
Terzetto, " O nume benefico," Madame Pasta, Mr. Phillips, and
Signor De Begnis (La Gazza Ladra) - - - - - *Rossini*
Overture, Oberon - - - - - - - *C. M. Von Weber*

ACT II.

Sinfonia in C Minor - - - - - - - *Beethoven*
Recit. ed Aria, Madame Pasta, " Ombra adorata aspetta" (Romeo e
Giulietta) - - - - - - - *Zingarelli*
Concerto Violin, Mr. De Beriot (Violin de la Chambre de S. M. le
Roi de France) - - - - - *Rode & De Beriot*
Duetto, " O Statua gentilissima," Signor Curioni and Signor De
Begnis (Il Don Giovanni) - - - - - *Mozart*
Overture in D. - - - - - - - *A. Romberg*

Leader, Mr. Loder.—Conductor, Sir G. Smart.

To commence at Eight o'clock precisely.

*The Subscribers are most earnestly entreated to observe that the Tickets are not transferable,
and that any violation of this rule will incur a total forfeiture of the subscription.*

It is requested that the Coachmen may be directed to *set down* and *take up* with their
horses' heads towards Piccadilly.

The door in Little Argyll street will be open after the Concert, for the egress of the Company.

The next Concert will be on Monday, *May* 15.

TERZETTO.—Mad. Pasta, Mr. Phillips,
and Signor De Begnis.

Ninetta. Respiro
Podesta. Mia cara
Fer. Signora
P. Partite, udite,
Uscite di qua
Fer. O Nume benefico
Che il giusto difendi
Propizio. ti rendi
Soccorso pietà.

Pod.	L' istante è propizio
Nin.	Amore discendi,
Pod.	Se il core gli accendi
	Che gioja sarà.
	O Nume benefico
	Che ect.
	Siamo soli; amor seconda
	La mia fiamma, i voti miei
	Ah se barbara non sei
	Fammi parte del tuo cor

Programa do concerto
de 1º de maio de 1826
no Hanover Square Rooms.
Entre os nomes contemplados
estão Haydn, Rossini, Mozart
e o próprio Beethoven.

Para que se compreenda claramente a diferença, podemos comparar duas peças de dois filhos de J. S. Bach: Johann Christian e Carl Philipp Emanuel. Johann estudou na Itália e a grande maioria de suas obras é no melhor e mais bem acabado estilo galante. Carl Philipp era mais inquieto do ponto de vista estético, e seu nome vem sempre à mente quando se fala em *empfindsamer Stil*. As obras são a *Sinfonia Opus 3 n. 1* de J. C. Bach, e *Sinfonia n. 1*, em ré maior, Wq. 183. Basta ouvir o primeiro movimento de cada para que se perceba a grande diferença entre essas variantes do período pré-clássico.

Quanto ao "*Sturm und Drang*", trata-se de outra coisa. Já foi citado um exemplo de Haydn, a sinfonia *La Passione*. Ela ganhou esse apelido após ter sido executada na Semana Santa do ano de 1790. Essa obra pertence a um grupo de sinfonias criadas por Haydn no final da década de 1760, em que as tonalidades menores foram exploradas, gerando profunda introspecção, numa procura deliberada de se deixar o estilo galante para trás. Há muitas gravações excelentes, ficando aqui a sugestão de Christopher Hogwood à frente da Academy of Ancient Music, uma versão em que o pungente primeiro movimento tem suas melhores qualidades ressaltadas, e os andamentos escolhidos para os movimentos rápidos são perfeitos.

O "*Sturm und Drang*" não visava apenas encantar o ouvinte, emocioná-lo, provocá-lo ou tirá-lo da zona de conforto, como queriam o estilo galante e o sensível. O que o "*Sturm und Drang*" queria mesmo era arrebatá-lo, e até mesmo assustá-lo. Deixarei aqui dois exemplos operísticos muito eloquentes, ambos de Mozart: a célebre *Ária da Rainha da Noite* (*Die Hölle Rache*), de *A Flauta Mágica*, e o final de *Don Giovanni*, cena do fantasma do comendador. Da primeira fica a sugestão da gravação da soprano alemã Diana Damrau, e da segunda vale a pena procurar por uma antiga versão com as vozes fabulosas de Samuel Ramsey e Kurt Moll.

De Machaut até a Cena do Comendador temos o fluxo estético de quase cinco séculos que desagua finalmente em Beethoven. Outros proporão diferentes exemplos que desembocarão no mesmo local. Sim, é possível. Fica evidentemente a critério do leitor, mas é certo que, caso se dedique ao agradável exercício de ouvir e conhecer os exemplos citados, aprenderá duas coisas: o quão fabuloso foi o desenvolvimento da arte da música, e como Beethoven absorveu tudo isso para criar sua monumental e transcendente obra. Vamos finalmente a ele.

SINFONIAS

Neste ponto, faço um pedido ao leitor: depois de tudo isso que vimos, vá direta e celeremente a um filme: *Eroica*, de Simon Cellan Jones, produzido pela BBC, em 2003.

A ação se passa em 1804, e Ferdinand Ries, compositor, amigo e aluno de Beethoven relembra o que aconteceu. O nosso já conhecido príncipe Lobkowitz, absolutamente louco por música, e um dos mais generosos patronos de Beethoven, oferece seu palácio para que o compositor ensaie e estreie privadamente a *Terceira Sinfonia*, a *Eroica*. Diferentemente da bobagem fantasiosa de *Amadeus*, a trama de *Eroica* é baseada nas melhores informações históricas de que dispomos. A consultoria musical é de Jonathan del Mar, um dos musicólogos mais devotados ao compositor. Vemos várias passagens reais da sua vida, como sua revolta ao saber que Napoleão havia se tornado imperador e sua confissão, a Ries, de que estava ficando surdo. Fatos e opiniões reais circulam o principal, que é a execução integral da *Eroica* e os efeitos ambíguos que provoca na audiência.

A execução, com instrumentos de época, é primorosa, ficando a cargo da Orchestre Revolutionnaire et Romantique, dirigida por seu regente fundador, John Elliot Gardiner, que não aparece no filme.

Partamos, portanto, desse ponto para as sinfonias de Beethoven, começando justamente por J. E. Gardiner. Em 1994, foi lançada pelo selo Archiv Produktion, da Deutsche Gramophon, uma caixa com as nove sinfonias sob sua direção. Foi uma grande novidade para a época, pois tratava-se de uma orquestra que utilizava instrumentos de época, e as versões seguiam as recém-lançadas revisões do musicólogo Jonathan del Mar. Gardiner mostrou-se um regente eletrizante, que escolhia andamentos bastante vivos. A questão dos andamentos das sinfonias de Beethoven foi sempre muito polêmica. Beethoven foi o primeiro compositor a usar o recém-criado metrônomo, que teoricamente poderia registrar com precisão a velocidade que o compositor tinha em mente. Contudo, é muito claro que o metrônomo usado por Beethoven não estava calibrado. Por exemplo, o andamento que ele registra no quarto movimento de sua *Primeira Sinfonia* é absurdamente rápido, tornando a peça praticamente impossível de ser tocada.

Outra coleção razoavelmente recente é a da Orquestra do Gewandhaus de Leipzig, dirigida por Riccardo Chailly. Os tempos de Chailly também são rápidos, e ele é também um diretor vibrante, cheio de energia. Contudo não temos aqui os instrumentos de época. Com seus instrumentos modernos e liderada por Chailly, um músico de excelência, a orquestra de Leipzig soa de modo magnífico.

Não há como comentar todas as versões das nove sinfonias de Beethoven, pois um número imenso de registros foi realizado. O propósito aqui é sugerir algumas versões com diferenças claras de sonoridade e interpretação. O leitor formará sua própria opinião; pesquisar e ouvir todas as gravações existentes poderá ser uma agradável tarefa para uma vida.

Fica, portanto, mais uma sugestão, bastante diferente das anteriores. Ou melhor, uma sugestão que se desdobra em quatro. Herbert von Karajan lançou a primeira coleção das nove sinfonias em 1963, à frente da Filarmônica de Berlim. Em 1977, faria nova gravação com a mesma orquestra, e logo em seguida um novo ciclo, com tecnologia digital de 16 *bits*. Finalmente, em 1989, um pouco antes de sua morte, registraria mais uma série, desta vez no extinto formato "vídeo-disco", pela Sony Classical.

No mundo da regência de orquestra, o nome Karajan é sinônimo de Deus. Não pode, portanto, ficar de fora dessas sugestões. Suas gravações são sempre impecáveis sobre todos os aspectos e as versões em vídeo-disco são obrigatórias. Karajan reinventou o modo como as orquestras eram filmadas, transformando a experiência de ouvir música em casa em um verdadeiro *show*. Além disso, para o iniciante no mundo da música, esses vídeos têm uma função didática do maior valor, pois associar o som que está sendo executado à imagem do instrumento que se vê é uma das melhores maneiras de se aprender sobre uma grande gama de elementos musicais, como timbre, escuta polifônica e identificação de forma, entre tantos outros.

PIANO: SONATAS

Das sinfonias, passemos ao piano, instrumento que Beethoven dominava como poucos e para o qual produziu a maior parte de suas obras, em especial sonatas e concertos. Aqui, opto por deixar de lado as sugestões, e propor ao ouvinte que faça suas próprias escolhas. Para isso, sugiro um pequeno exercício de escuta, que, acredito, poderá ser interessante mesmo para aqueles que já têm seus pianistas preferidos.

O exercício é simples: vamos tomar um trecho apenas de uma de suas sonatas e ouvi-lo com três pianistas diferentes. O trecho que escolhi é o início do primeiro movimento da *Sonata n. 8*, a *Patética*, e os pianistas são o alemão Wilhelm Backhaus (1884-1969), o ucraniano Sviatoslav Richter (1915-1997) e o canadense Glenn Gould (1932-1982). Três nacionalidades e escolas diferentes, três gerações sucessivas e três interpretações surpreendentemente distintas.

Vamos nos ater os três primeiros minutos da peça, que correspondem à introdução e apresentação dos dois temas principais. Esse trecho pode ser dividido em duas partes, que chamarei de A e B.

"A" é a introdução em andamento lento e "B", a apresentação de dois temas, em tempo rápido. Beethoven escreveu na partitura a palavra "*grave*" na primeira parte e "*allegro di molto e com brio*" na segunda. Por fim, cada uma dessas partes pode ser também dividida em duas. Temos, portanto, "A1", "A2", "B1", "B2".

A1 dura entre 30 e 40 segundos; B começa em 1'08" para Backhaus, 1'19" para Richter e 1'38" para Gould. B2 está localizado em 1'39" para Backhaus, 1'48" para Richter e 2'04" para Gould.

Dito isso, sugiro primeiramente ouvir o trecho completo com um dos pianistas, a fim de identificar com clareza as subdivisões. Em seguida ouça tudo de novo, duas ou três vezes com os outros pianistas. Compare depois os subtrechos, um a um.

A essa altura o leitor certamente já terá percebido as diferenças interpretativas. Seguem algumas de minhas observações.

Backhaus faz grandes variações de andamento e parece não se preocupar em ater-se com rigor às indicações de Beethoven. Seu "grave" é, na verdade, um *andante*, e pouco a pouco sentimos um grande acelerando – coisa que Beethoven não indicou. Na parte B, Backhaus faz uma grande mudança de andamento de B1 para B2, que também não está indicada. Faz um *"rallentando"* de modo que B2 torna-se bastante lento, e seguramente deixa de ser um *"allegro di molto com brio"*.

A versão de Richter é totalmente diferente. Segue com precisão as indicações de Beethoven. O espírito "grave" está preservado. Há pequenas variações de andamento, ou pequenos *"rubatos"*, como se diz no jargão musical, mas são naturais e sem exagero. Com resultado desse andamento mais lento e controlado, A2 é tocado com lindas nuances de fraseado – o que não acontece na versão de Backhaus. Contudo, em A2, talvez os graves de Richter soem um pouco forte e pesados demais. A parte B é mesmo um *"allegro di molto"* e cheia de brio. Não há variação de andamento de B1 para B2.

Gould faz diferente dos dois. Logo no início, temos aquilo que os músicos chamam de "ritmo pontuado", ou seja, a alternância de notas curtas e longas. Gloud toca esses ritmos de modo consideravelmente mais explícito que Backhaus e Richter. Em A, Backhaus vai acelerando, criando tensão. Richter mantém a pulsação estável, com uma pequena tendência para a aceleração e tensão, mas muito pequena mesmo. Gould faz o inverso: vai pouco a pouco acalmando, relaxando. Executa o final do "grave" com muita, muita tranquilidade, e sobretudo valorizando os silêncios. Então, ataca o *"allegro di molto"* com uma velocidade alucinante. A música resulta afoita, urgente, na verdade um *"presto"*. Leva o ouvinte consigo, de modo realmente arrebatador.

Caro leitor, nada, absolutamente nenhuma palavra ou frase dos parágrafos acima deve ser entendida como qualquer objeção ao modo de tocar desses três grandes artistas. São diferenças de interpretação.

Uma partitura, ou o "texto musical", não contém 100% das informações necessárias para a execução da obra. Muito fica a cargo do intérprete – e aí justamente está muito da graça da arte musical. Não existe "o" modo certo de tocar ou "uma" verdade interpretativa. Deve-se ouvir muitas interpretações diferentes e deixar-se levar por elas. As preferências pessoais surgirão de modo natural, sem que sejam necessárias análises minuciosas como essa que acabamos de fazer.

Segue então uma relação de alguns pianistas que se destacaram como grandes intérpretes de Beethoven, além desses três que acabamos de ouvir, e que deixaram gravações que merecem ser conhecidas: Artur Schnabel, Wilhelm Kempf, Claudio Arrau, Edwin Fischer, Alfred Brendel, Daniel Baremboim, Murray Perahia, András Schiff, Maria João Pires.

PIANO: CONCERTOS

Quanto aos concertos para piano e orquestra, seguem algumas sugestões feitas pela seríssima revista britânica *Gramophone*, que estão entre as "50 melhores gravações de Beethoven de todos os tempos":

> *Concerto n. 5:*
> Pierre-Laurent Aimard e Chamber Orchestra of Europe, dirigida por Nikolaus Harnoncourt.

> *Concerto n. 4:*
> Maria João Pires e Swedish Radio Symphony Orchestra, dirigida por Daniel Harding.

Concerto n. 3:
Leif Ove Andsnes e Mahler Chamber Orchestra.

Concerto n. 2:
Yefim Bronfman e Tonhalle Orchester Zürich, dirigida por David Zinman.

Concerto n. 1:
Murray Perahia e Royal Concertgebow Orchestra Amsterdam, dirigida por Bernard Haitink.

PIANO: OUTRAS PEÇAS

No capítulo anterior, tratamos com especial atenção as pouco conhecidas bagatelas de Beethoven, de modo que é necessário deixar aqui algumas sugestões a respeito.

O leitor poderá comparar duas sonoridades bem distintas. A primeira com o premiado pianista holandês Ronald Brautigam, que gravou todas as bagatelas em um fortepiano, ou seja, um instrumento de época. A segundo versão, em piano moderno, fica a cargo do norte-americano Daniel Blumenthal, que é atualmente professor do Conservatório Real de Bruxelas. E caso queira ir ainda além, o leitor poderá procurar pela gravação do pianista Tobias Koch, que contém todas as peças avulsas para piano de Beethoven, a qual, em sua versão física, é uma caixa com três CDs.

CONCERTO TRIPLO

O piano ainda toma parte em uma outra obra sinfônica muito especial: o *Concerto Triplo, Opus 56*. Composto entre 1804 e 1805, é uma obra de grande envergadura, em que a orquestra acompanha um piano, um violino e um violoncelo solistas. Embora estivesse naquela ocasião imerso em seu estilo

João Maurício Galindo ✥ 145

heroico, nessa obra em especial Beethoven contém um pouco de sua energia vulcânica. O resultado é música equilibrada e de grande beleza, com um primeiro movimento pleno de lirismo, um curto segundo movimento muito tocante, de grande introspeção e nobreza de caráter, e, por fim, um terceiro movimento com um delicioso e envolvente ritmo de dança *alla polacca*.

Há uma gravação histórica que se tornou obrigatória, realizada em 1969, só com monstros sagrados: Sviatoslav Richter ao piano, David Oistrach ao violino e Mstislav Rostropvich ao violoncello, com a Filarmônica de Berlim dirigida por Herbert von Karajan.

Para contrastar, fica a sugestão de um registro recente, lançado em 2012, com o Trio Wanderer acompanhado pela Gürzenich-Orchester Kölner Philharmoniker, dirigida pelo maestro James Conlon.

CONCERTO PARA VIOLINO E ORQUESTRA

Beethoven escreveu poucos concertos. Cinco para piano, o *Concerto Triplo* e finalmente um para violino. Este é de certo modo uma exceção, por ser o único em que o piano não está presente. Logo após sua criação, foi considerado dificílimo do ponto de vista técnico, quase impossível de ser tocado. Do ponto de vista artístico é, também na opinião de muita gente, uma obra-prima absoluta. Despido de grandes efeitos e pirotecnias, é música em sua mais sublime essência. Fiel ao ideal clássico de equilíbrio entre os movimentos, é, ao mesmo tempo, de espírito profundamente romântico e de um humanismo tocante. Cada movimento espelha uma faceta humana, indo da mais profunda introspecção à mais exuberante alegria.

Se o leitor se interessa por gravações históricas, há uma absolutamente perene, que sobrevive ao passar das gerações:

146 ∾ *Beethoven*

trata-se da versão de Jascha Heifetz, acompanhado pela NBC Symphony Orchestra dirigida por Arturo Toscanini. O registro foi feito em 1940, nos antigos discos de 78 rpm. Evidentemente, a qualidade de som não tem absolutamente nada com o que estamos habituados hoje, mas isso não impede que se deguste a imensa sabedoria musical e profundo domínio técnico deste gênio que foi Heifetz.

Do mesmo modo como fizemos com o *Concerto Triplo*, comparemos essa gravação de Heifetz com uma recente. A sugestão é a versão do violinista francês David Grimal acompanhado pela orquestra Les Dissonances. A execução é absolutamente impecável. São duas versões muitíssimo distintas, sendo bastante interessante observar essas diferenças.

Quanto a encontrar a sua versão preferida, aquela que melhor lhe falará ao coração, o leitor terá um número enorme de opções, visto ser este concerto uma das obras mais gravadas do repertório clássico.

Dentre tantas outras versões que merecem ser conhecidas, extraio duas: Itzhhak Perlman, com a Philharmonia Orchestra e Carlo Maria Giulini, e Isabelle Faust e a Orchestra Mozart, dirigida por Claudio Abbado.

De qualquer forma, o leitor estará muitíssimo bem acompanhado com Henryk Szeryng, David Oistrach, Isaac Stern, Leonid Kogan, Zino Francescatti, Anne Sophie-Mutter.

OS QUARTETOS DE CORDAS

A produção de música de câmara de Beethoven é bastante volumosa. Tecer recomendações sobre todos os gêneros que abordou – trios, com e sem piano, quartetos com piano, sonatas para violino e piano, sonatas para violoncelo e piano, peças para instrumentos de sopro – iria muito além da envergadura pretendida para este livro. Vamos então centrar nossa atenção no gênero que se destacou como o mais importante dessa categoria, e de toda a produção beethoveniana: o quarteto de cordas.

Já vimos que costuma-se dividir a produção de Beethoven em três períodos. No final de sua vida, depois de ter criado suas nove sinfonias e todos os concertos, bem como suas obras monumentais – a ópera *Fidélio*, a *Missa Solemnis*, o oratório *Cristo no Monte das Oliveiras* –, será na exiguidade dos quartetos de cordas que ele concentrará sua energia criativa. Nos seus dois últimos anos, Beethoven praticamente só escreveu quartetos, emblemáticos do seu terceiro período criativo. Um quarteto de cordas não tem todas as cores de uma orquestra sinfônica, menos ainda de uma orquestra unida a vozes ou instrumentos solistas. A variedade de timbres é mínima e a potência sonora bastante reduzida – menor que a de um grande piano de cauda. Por isso, criar música de grande valor artístico para essa formação não é tarefa fácil. Sem cores e efeitos especiais, há que se recorrer a mais pura essência musical, e foi isso que Beethoven logrou fazer em sua fase final.

Antes de prosseguir, deve-se deixar claro que Beethoven compôs quartetos ainda no começo de sua carreira. A primeira série, *Opus 18*, com seis quartetos, foi concluída ainda em 1800. A segunda série, *Opus 59*, com três obras, conhecida como *Razumowsky*, foi composta em 1806. O quarteto *Opus 74* surgiu em 1809, o *Opus* 95 em 1811. A partir daí, houve um hiato criativo, e os cinco últimos quartetos começaram a surgir em 1824: *Opus 127, 130, 131, 132, 135*. Todos os quartetos são música de imensa beleza, mas os cinco últimos são unanimemente considerados o ápice de sua linguagem musical. À época, chocaram os ouvidos de muitos músicos. Sabia-se que Beethoven já estava quase que completamente surdo, de modo que muitos consideraram-nos verdadeiras bizarrices. Foi necessário algum tempo para que fossem ouvidos com a devida atenção, para que seu verdadeiro valor artístico fosse revelado.

Não é difícil recomendar gravações da integral dos quartetos de Beethoven. Deixamos três sugestões: a mais antiga, de 1969, é a do quarteto Italiano, lançada pelo selo Decca, muito elogiada pela revista *Gramophone*; outras mais recentes são a do quarteto Amadeus, pela Deutsche Grammophon, e a do quarteto Alban Berg, lançada pela EMI.

Esta última vendeu mais de um milhão de cópias e faz-me lembrar as 20.000 pessoas que estiveram presentes no funeral de Beethoven, em 1827. Era quase 10% da população vienense. Tanta gente prestigiando um mero músico seria algo impensável antes de Beethoven nascer.

O prestígio não arrefeceu. Mesmo com uma indústria de entretenimento que brutalmente desvia as atenções de tudo que é mais sério, a música de Beethoven continua chegando a milhões. Ou dizendo de outra maneira, milhões querem conhecer seu legado.

Por que será? Por que Beethoven?

Vida de Beethoven

Romain Rolland

PREFÁCIO

*"Quero provar que aquele que age bem e nobremente pode,
por isso mesmo, suportar o infortúnio."*

Beethoven,
No município de Viena, 1º de fevereiro de 1817.

ar está pesado em torno de nós. A velha Europa encontra-se em meio a uma atmosfera densa e viciada. Um materialismo sem grandeza oprime o pensamento e dificulta a ação dos governos e dos indivíduos. O mundo se asfixia em seu egoísmo cauteloso e vil. O mundo sufoca. Vamos abrir as janelas novamente. Deixemos o ar entrar livremente. Respiremos o hálito dos heróis.

A vida é dura. É uma luta diária para aqueles que não se resignam à mediocridade da alma, um triste combate, muitas vezes sem grandeza, sem felicidade, travado na solidão e no silêncio. Oprimidos pela pobreza, por áridas preocupações domésticas, por tarefas esmagadoras e estúpidas, em que as forças se esvaem inutilmente, sem esperança, sem um raio de alegria, muitos estão separados uns dos outros e não têm sequer o consolo de poder ajudar seus irmãos no infortúnio, que não nos conhecem e a quem não conhecemos. Eles só têm a si mesmos em quem confiar; e há momentos em que até os mais fortes fraquejam diante da dor. Eles pedem ajuda, chamam por algum amigo.

E para ajudá-los eu me dedico a reunir em torno deles nossos Amigos Heroicos, as grandes almas que sofreram pelo bem. Estas "Vidas dos Homens Ilustres" não abordam o orgulho dos ambiciosos; elas se dedicam aos infelizes. E, no fundo, quem não é infeliz? Para os que sofrem, oferecemos o bálsamo do sofrimento sagrado. Não estamos sozinhos no combate. A noite do mundo é iluminada pelas luzes divinas. Mesmo hoje, perto de nós, acabamos de ver brilhar duas das chamas mais puras, as chamas da Justiça e a da Liberdade: o coronel Picquart e o povo bôer. Se eles não puderam aplacar as espessas trevas, ao menos, num lampejo, puderam nos mostrar o caminho. Vamos logo atrás deles, seguindo todos aqueles que lutaram como eles, isolados, espalhados por todos os países e por todos os séculos. Suprimamos as barreiras do tempo. Ressuscitemos o povo dos heróis.

Não chamo heróis aqueles que triunfaram pelo pensamento ou pela força. Chamo heróis apenas aqueles que foram grandes pelo coração. Como disse um dos maiores entre eles, aquele sobre cuja vida estamos contando aqui: "Eu não reconheço nenhum outro sinal de superioridade além da bondade". Onde o caráter não é grande, não existe um grande homem, não existe um grande artista e nem um grande homem de ação; há apenas ídolos vazios para a vil multidão: o tempo os destruirá juntos. Pouco nos importa o sucesso. Trata-se de ser grande, não de parecer como tal.

As vidas daqueles cujas histórias planejo contar foram quase sempre um longo martírio. Seja pelo fato de que um destino trágico forjou suas almas, sob o peso da dor física e mental, da miséria e da doença, seja pelo fato de que suas vidas tenham sido devastadas e seus corações dilacerados pela visão de sofrimentos e vergonhas indizíveis que torturaram seus irmãos. Eles comeram o pão que o diabo amassou; e se eles foram grandes pela energia, é porque foram também pela desgraça. Que esses desafortunados, portanto, não se queixem muito. Os melhores da humanidade estão com eles. Nutramo-nos de sua bravura; e se nos sentirmos muito fracos, repousemos por um instante a cabeça no colo deles; eles nos consolarão. Dessas almas sagradas flui uma torrente de força serena e bondade poderosa. Sem que seja necessário questionar suas obras ou ouvir suas vozes, saberemos por seus olhos e pela história das suas vidas que a existência é maior, mais frutífera – e mais feliz – no sofrimento.

* * *

À frente dessa heroica legião, daremos o primeiro lugar ao forte e puro Beethoven. Ele mesmo gostaria que, em meio ao seu sofrimento, seu exemplo pudesse servir de apoio para outros miseráveis, "e que o infeliz se consolasse encontrando um desgraçado como ele, que, mesmo com todos os obstáculos da natureza, tenha realizado tudo o que estava em seu poder para se tornar um homem digno desse nome". Através de anos de lutas e esforços sobre-humanos, superando sua dor e conseguindo realizar sua missão, que era, como ele mesmo disse, inspirar um pouco de coragem aos homens pobres, este Prometeu vitorioso assim respondeu a um amigo que invocava a Deus: "Ó, homem, ajuda a ti mesmo!"

Inspiremo-nos em suas nobres palavras. Reacendamos, pelo seu exemplo, nossa fé na vida e no homem.

Romain Rolland,
Janeiro de 1903.

BEETHOVEN

Wohl tun, wo man kann,
Freiheit über alles lieben,
Wahrheit nie, auch sogar am
Throne nicht verleugnen.

(Faça todo o bem possível,
Ame a Liberdade acima de tudo,
E se for por reconhecimento,
Nunca traia a verdade.)

Beethoven,
Folha de álbum, 1792.

le era baixo e atarracado, de aparência robusta e estrutura atlética. Um rosto largo, de cor avermelhada, exceto no final de sua vida, quando sua tez estava doente e amarelada, especialmente no inverno, quando ele permaneceu confinado, longe dos campos. Uma testa grande e proeminente. Cabelos extremamente pretos, extraordinariamente espessos, onde parecia que o pente nunca havia entrado, eriçados por todos os lados, como "as serpentes da Medusa".[1] Seus olhos ardiam com força prodigiosa e capturavam a todos que os vissem; mas a maioria se enganava sobre suas nuanças. Como eles reluziam com um brilho selvagem em seu rosto moreno e trágico, geralmente eram tidos como pretos. Mas, na verdade, seus olhos eram de um azul acinzentado.[2] Pequenos e muito profundos, eles se abriam abruptamente em paixão ou raiva, e, depois, rolavam em suas órbitas, refletindo todos os seus pensamentos com uma incrível verdade.[3] Frequentemente se voltavam para o céu com um olhar melancólico. O nariz era pequeno e quadrado, largo, como um focinho de leão. Uma boca delicada, mas cujo lábio inferior tendia a se projetar para frente. Mandíbulas terríveis capazes de esmagar nozes. Uma covinha profunda no queixo, ao lado direito, provocava uma estranha dissimetria no rosto. "Ele tinha um sorriso bom", disse Moscheles, "e, quando conversava, um ar muitas vezes gentil e encorajador. Por outro lado, sua risada era desagradável, violenta e caricata, e também curta" – risada de um homem que não está acostumado à alegria. Sua expressão usual era melancólica, "uma tristeza incurável". Rellstab, em 1825, dizia que era preciso muita força para não chorar ao ver seus doces olhos e sua dor pungente. Braun von Braunthal, um ano depois, o encontra em uma taverna: ele está sentado em um canto, fumando um longo cachimbo e tem os olhos fechados, algo que fará cada vez mais à medida que se aproxima da morte. Um amigo lhe dirige a palavra. Ele sorri tristemente, tira do bolso um caderninho de anotações e, com a voz estridente que frequentemente têm os surdos, pede a ele para escrever o que quer perguntar.

Seu rosto ficava transfigurado quando tinha acessos súbitos de inspiração que o tomava inesperadamente, até na rua, sobressaltando os transeuntes, ou quando era surpreendido ao piano. "Os músculos de seu rosto se projetavam, suas veias inchavam; seus olhos selvagens tornavam-se duas vezes mais terríveis; os lábios tremiam; ele parecia um feiticeiro vencido pelos demônios; que ele mesmo havia evocado". Tal qual um personagem de Shakespeare;[4] Julius Benedict diz: "O rei Lear".

* * *

Ludwig van Beethoven nasceu em 16 de dezembro de 1770 em Bonn, perto de Colônia, em um miserável sótão de uma casa pobre. Ele era de origem flamenga.[5] Seu pai era um tenor pouco inteligente e beberrão. Sua mãe era doméstica, filha de um cozinheiro e viúva de seu primeiro casamento com um camareiro.

Teve uma infância severa, sem o afeto familiar de que Mozart, mais feliz, estava cercado. Desde o início, a vida se revelou para ele como uma luta triste e brutal, em que seu pai queria explorar seus dotes musicais e exibi-lo como um pequeno prodígio. Quando tinha 4 anos, ele o obrigava a ficar horas diante do cravo ou o trancava com um violino, matando-o de tanto trabalho. Por muito pouco ele não passou a odiar a arte. Foi preciso usar violência para que Beethoven aprendesse música. Sua juventude foi muito penosa devido às constantes preocupações materiais, à dificuldade de ganhar seu pão, às tarefas precoces. Aos 11 anos, ele fazia parte da orquestra de teatro; aos 13 anos, ele era organista. Em 1787, perdeu sua mãe, a quem ele adorava. "Ela era tão boa, tão digna de amor, minha melhor amiga! Oh! Quem era mais feliz do que eu, quando eu conseguia pronunciar o doce nome de minha mãe, e ela podia ouvir?"[6] Ela morreu de tuberculose e Beethoven acreditava ter contraído a mesma doença; ele já sofria constantemente e à sua tristeza somou-se uma melancolia, mais cruel ainda que o próprio mal.[7] Aos 17 anos, ele era o chefe da família, responsável pela educação de seus dois irmãos; ele sentia vergonha de ter que pedir a aposentadoria de seu pai, alcoólatra, incapaz de administrar a casa: a pensão do pai era entregue ao filho, para impedir que o genitor a dissipasse. Essas tristezas deixaram em Beethoven uma marca profunda. Ele encontrou, no entanto, um apoio afetuoso em uma família de Bonn, que sempre lhe foi muito cara, a família de Breuning. A gentil "Lorchen", Eleonore de Breuning, era dois anos mais nova que ele. Ele ensinou-lhe música e ela iniciou-o na poesia. Ela foi sua companheira de infância; e talvez houvesse entre eles um sentimento bastante terno. Eleonore casou-se mais tarde com o dr. Wegeler, um dos melhores amigos de Beethoven; e até o último dia, nunca deixou de reinar entre eles uma amizade tranquila, evidenciada pelas cartas dignas e tenras de Wegeler e Eleonore, e as do velho e fiel amigo (*alter treuer Freund*) ao bom e querido Wegeler (*guter lieber Wegeler*). Afeição ainda mais tocante quando a idade chegou para os três, sem esfriar a juventude de seus corações.[8]

Por mais triste que tenha sido a infância de Beethoven, ele sempre conservou para ela, e para os lugares onde ela se passou, uma memória terna e melancólica. Forçado a deixar Bonn e a passar quase a vida toda em Viena – essa grande e frívola cidade e seus tristes subúrbios –, ele nunca esqueceu o vale do Reno e o grande rio augusto e paterno, *unser Vater Rhein*, como ele o chamava, "nosso pai, o Reno". Tão vivo, de fato quase humano, semelhante a uma alma gigantesca por onde passam pensamentos e forças inumeráveis, em nenhum lugar mais bonito, nem mais poderoso ou mais doce do que na deliciosa Bonn, cujas sombreadas e floridas encostas ele banha com violência carinhosa. Ali, Beethoven viveu seus primeiros 20 anos; ali, tomaram forma os sonhos de seu coração adolescente – nesses prados que tremulam languidamente sobre a água, com seus choupos envoltos em névoas, os arbustos e os salgueiros e as árvores frutíferas que mergulham suas raízes na silenciosa e rápida corrente – e, inclinando-se sobre a margem, indolentemente curiosos, aldeias, igrejas até mesmo cemitérios –, enquanto no horizonte, as Sete Montanhas azuladas traçam no céu seus perfis tempestuosos, encimados pelas silhuetas esguias e excêntricas de velhos castelos arruinados. A esse país, seu coração permaneceu eternamente fiel; até o último momento, ele sonhava vê-lo novamente, sem nunca conseguir. "Minha pátria, o lindo país onde vi a luz do dia, sempre tão bonita, tão clara ante meus olhos como quando a deixei".[9]

* * *

Em novembro de 1792, Beethoven foi morar em Viena, metrópole musical da Alemanha.[10] A Revolução Francesa havia eclodido e estava começando a inundar a Europa. Beethoven deixou Bonn justo no momento em que a guerra ali começava. Na estrada para Viena, ele cruzou com os exércitos de Hesse marchando contra a França. Em 1796 e 1797, ele musicou os poemas bélicos de Friedberg: a "Canção da partida" e um coro patriótico – "Nós somos um grande povo alemão" (*Ein grosses deutsches Volk sind wir*). Mas em vão que ele quer cantar os inimigos da Revolução, a Revolução conquistava o mundo e Beethoven. A partir de 1798, apesar da tensão entre a Áustria e a França, Beethoven inicia uma íntima relação com os franceses, com a embaixada e com o general Bernadotte, que acabara de chegar em Viena. Por causa dessa convivência, começam a nascer nele sentimentos republicanos, cujo poderoso desenvolvimento se observa no decorrer de sua vida. Um desenho que Steinhauser fez de Beethoven naquele período dá uma boa ideia de como ele era então. Esse retrato está para todos os outros que fizeram de Beethoven depois o que o retrato de Bonaparte feito por Guerin – representado como uma figura amarga e roída por ambiciosa febre – está para as demais imagens de Napoleão. Beethoven parece mais jovem do que sua idade, magro, esguio, rígido em sua gravata alta, com um olhar desafiador e tenso. Ele sabe seu valor, ele acredita em sua força.

Em 1796, ele escreveu em seu caderno: "Coragem! Apesar de todos os fracassos do corpo, meu gênio triunfará... Vinte e cinco anos! Eis aqui vocês! Eu os tenho... É necessário que, neste ano, o homem se revele inteiramente."[11] A senhora Bernhard e Gelinck diziam que ele era muito orgulhoso, de modos ásperos e sombrios, e que falava com um forte sotaque provinciano. Mas seus amigos, na intimidade, conhecem a delicada bondade que ele esconde sob esse constrangimento orgulhoso. Escrevendo para Wegeler todos os seus sucessos, o primeiro pensamento que vem à mente é o seguinte: "Por exemplo, vejo um amigo necessitado: se minha bolsa de estudo não permite que eu o ajude imediatamente, só preciso me sentar à minha mesa de trabalho para, em pouco tempo, poder socorrê-lo... Veja como é encantador."[12] E, um pouco depois, ele diz: "Minha arte deve ser dedicada ao bem dos pobres." (*Dann soll meine Kunst sich nur zum Besten der Armen zeigen.*)

A dor já havia batido à sua porta; ela se instalou nele para não mais sair. Entre 1796 e 1800, a surdez começou seus estragos.[13] Seus ouvidos zuniam dia e noite; ele passou a ser atormentado por dores intestinais. Sua audição estava progressivamente enfraquecendo. Por muitos anos, Beethoven não contou a ninguém, nem mesmo aos seus mais queridos amigos. Evitava o mundo para que sua enfermidade não fosse notada; guardou para si esse segredo terrível. Mas em 1801, não pôde mais manter o silêncio. Desesperadamente, ele confiou seu segredo a dois de seus amigos, o doutor Wegeler e o pastor Amenda:

Retrato de
Beethoven,
por Georg Andreas Steinhauser.

"Meu querido, meu bom, meu afetuoso Amenda, quantas vezes eu desejo sua presença. Seu Beethoven está profundamente infeliz. Saiba que a parte mais nobre de mim, minha audição, está cada vez mais fraca. Na época em que estávamos juntos, eu já experimentava sintomas da doença, e os escondia. Mas com o tempo foi piorando muito. Vou me curar?

Espero que sim, naturalmente, mas muito pouco. Tais doenças são as mais incuráveis. Como devo viver tristemente, evito tudo o que amo e tudo o que me é caro, e isso em um mundo tão miserável, tão egoísta! Triste resignação a que devo me submeter! Sem dúvida, propus-me colocar-me acima de todos esses males; mas como será possível para mim?"[14]

E para Wegeler: "Levo uma vida miserável. Há dois anos tenho evitado a sociedade porque não consigo mais conversar com as pessoas. Estou surdo. Se eu tivesse outra profissão, viver assim ainda seria possível. Mas na minha, é uma situação terrível. O que meus inimigos, que não são poucos, dirão sobre isso! No teatro, tenho que me aproximar muito da orquestra para entender o ator. Se me posiciono um pouco longe, não ouço os sons altos dos instrumentos e das vozes... Quando alguém fala baixinho, mal ouço... e, por outro lado, quando alguém grita, é intolerável para mim... Muitas vezes, amaldiçoei minha existência... Plutarco levou-me à resignação. Eu quero, se possível, quero enfrentar meu destino. Mas há momentos em minha vida em que eu sou a criatura mais miserável de Deus... Resignação! Que triste refúgio! E é ainda o único que me resta."[15]

Essa trágica tristeza é expressa em algumas obras desse período, como na *Sonata Patética*, *Opus 13* (1799) e, especialmente, no *largo* da *Terceira Sonata* para piano, *Opus 10* (1798). É curioso que esse sentimento não esteja impresso em tudo que compunha e que existisse ainda obras, como o risonho *Septuor* (1800), a límpida *Primeira Sinfonia* (em dó maior, 1800), que refletissem uma despreocupação juvenil. Sem dúvida, leva tempo para que a alma se acostume à dor. E a alma tem tanta necessidade de alegria que, quando esta lhe falta, é preciso criá-la. Quando o presente é muito cruel, a alma vive no passado. Os dias felizes não são subitamente apagados; sua influência persiste por muito tempo depois de terem acontecido. Sozinho e infeliz em Viena, Beethoven se refugiou em suas lembranças do país natal; seus pensamentos daquele período estão impregnados delas. O tema do *andante* com variações do *Septuor* é um *Lied* renano. A *Sinfonia em Dó Maior* é também uma obra do Reno, um poema adolescente que sorri para seus sonhos. Ela é alegre, lânguida; sentimos o desejo e a esperança de amar. Mas em certas passagens, na introdução, no claro-escuro de alguns graves sombrios, no incrível *scherzo*, se percebe – e com que emoção! – nesse rosto jovem o olhar do futuro gênio. Estes são os olhos do *Bambino*, de Botticelli, em sua *Sagrada Família*, aqueles olhos de criança pequena por meio dos quais já se antevê a tragédia vindoura.

Aos seus sofrimentos físicos juntaram-se distúrbios de outros tipos. Wegeler dizia que não se reconheceria um Beethoven sem que houvesse em seu coração uma paixão extremada. Seus amores parecem sempre ter sido de grande pureza. Não há conexão entre paixão e prazer. A confusão entre uma e outra coisa (que se estabeleceu do nosso tempo) apenas comprova a ignorância da maioria dos homens sobre o que é a paixão, assim como sua extrema raridade. Beethoven tinha algo puritano em sua alma. As conversas e os pensamentos libidinosos o horrorizavam; ele tinha ideias rígidas sobre a santidade do amor. Dizem que ele não perdoou Mozart por ter profanado seu gênio ao escrever um *Don Juan*. Schindler, que era seu amigo íntimo, assegurava que "ele passou a vida com pudor virginal, sem nenhuma fraqueza a que se pudesse censurar". Um homem é presa fácil e vítima do amor. E ele foi. Ele constantemente se apaixonava com ardor, constantemente sonhava com a felicidade, mas logo se desapontava e seguia

Romain Rolland ❧ **165**

em amargo sofrimento. São nessas alternâncias entre amor e orgulhosa revolta que se deve procurar a fonte mais fértil das inspirações de Beethoven, até a idade em que o ardor de sua natureza arrefece em uma resignação melancólica.

Em 1801, o objeto de sua paixão foi, ao que parece, Giulietta Guicciardi, a quem imortalizou em sua dedicatória famosa à *Sonata ao Luar, Opus 27* (1802). "Eu vivo de modo mais suave", escreveu a Wegeler, "e tenho me encontrado mais com outros homens... Essa mudança o encanto de uma estimada jovem tem realizado; ela me ama e eu a amo. Esses são os primeiros momentos felizes que eu tive em dois anos".[16] Ele pagou-os duramente. Primeiro porque esse amor o fez sentir mais a miséria de sua enfermidade e as condições precárias de sua vida, o que tornava impossível que ele se casasse com quem amava. Depois porque Giulietta era volúvel, infantil e egoísta; cruelmente, ela fez Beethoven sofrer e, em novembro de 1803, casou-se com o conde Gallenberg.[17]

Tais paixões devastam a alma; quando a alma já está enfraquecida pela doença, como a de Beethoven, corre-se o risco de arruiná-la. Esse parece ter sido o único momento na vida de Beethoven em que ele esteve prestes a sucumbir. Ele passou por uma crise desesperada, dada a conhecer por meio de uma carta, o "Testamento de Heiligenstadt", para seus irmãos, Carl e Johann, com esta indicação: "Para ler e executar depois da minha morte".[18] Era um grito de revolta e de dor pungente. Não se pode ouvi-lo sem ser tomado de piedade. Ele estava perto de acabar com sua vida. Só não o fez em decorrência de sua inflexível moralidade.[19] Suas últimas esperanças de cura desapareceram. "Até a imensa coragem que me sustentava desapareceu. Ó, Providência, dá-me ainda uma única vez um dia, um dia somente de verdadeira alegria! Há muito tempo

Página de rosto
da primeira edição da partitura da *Sonata ao Luar*,
dedicada à Giulietta Guicciardi.

que o som profundo da verdadeira alegria é estranho para mim! Quando, oh! quando, meu Deus, eu poderia encontrá-la novamente?... Nunca? Não, isso seria muito cruel!"

Isso parece um lamento agonizante; e ainda assim Beethoven viveu mais 25 anos. Sua poderosa natureza não podia se resignar a sucumbir à provação. "Mais do que nunca, minha força física cresce com minha força intelectual... Minha juventude, sim, sinto que está apenas no começo. Cada dia me aproxima do objetivo que entrevejo, mesmo que não possa defini-lo... Oh! se eu fosse libertado desse mal, abraçaria o mundo! Sem descanso! Não conheço senão o sono; e estou um pouco infeliz por ter de lhe dispensar mais tempo que antes. Se a mim tivesse sido entregue apenas metade do meu mal: e então... Não, eu não suportarei isso! Eu quero agarrar o destino pelo pescoço. Ele não vai conseguir me derrotar completamente. Oh!, é tão lindo viver mil vezes a vida!"[20]

Esse amor, esse sofrimento, essa vontade, essa alternância entre desânimo e orgulho, essas tragédias internas encontram-se nas grandes obras escritas em 1802: a *Sonata com Marcha Fúnebre, Opus 26*, a *Sonata Quasi una Fantasia* e a *Sonata ao Luar, Opus 27*, a *Segunda Sonata, Opus 31*, com seus recitativos dramáticos, que parecem um monólogo grandioso e triste. A *Sonata em Dó Menor* para violino, *Opus 30*, dedicada ao imperador Alexandre; a *Sonata a Kreutzer, Opus 47*; as seis melodias religiosas heroicas e pungentes nas palavras de Gellert, *Opus 48*.

A *Segunda Sinfonia*, que data de 1803, reflete mais seu amor juvenil, e então é possível perceber que sua vontade definitivamente se restabelece. Uma força irresistível varre os pensamentos tristes. Um borbulhar de vida expande ao *"finale"*. Beethoven quer ser feliz; ele não quer consentir em acreditar que sua desgraça é irreparável: ele quer cura, ele quer amor; ele está cheio de esperança.[21]

* * *

Em muitos de seus trabalhos, fica-se impressionado com a energia e a insistência nos ritmos de marcha e de combate. Isso é especialmente perceptível no *allegro* e no *finale* da *Segunda Sinfonia*, e ainda mais na primeira peça soberbamente heroica da *Sonata para o Imperador Alexandre*. A característica guerreira, especialmente nessa música, nos remete ao tempo do qual é fruto. A Revolução havia chegado a Viena. Beethoven se havia deixado levar por ela. "Na intimidade", disse o Chevalier de Seyfried, "ele se pronunciava espontaneamente sobre os eventos políticos, que julgava com rara inteligência e com um ponto de vista claro e preciso".

Todas as suas simpatias o conduziam a ideias revolucionárias. "Ele amava os princípios republicanos", disse Schindler, o amigo que melhor o conhecia no último período de sua vida. "Ele era a favor da liberdade ilimitada e da independência nacional. Queria que todos pudessem concorrer para o governo do Estado. Queria o sufrágio universal para a França e esperava que Bonaparte a estabelecesse e, então, lançasse as bases da felicidade da humanidade. Revolucionário romano, nutrido por Plutarco, sonhava com uma república heroica, fundada pelo deus da Vitória: o primeiro-cônsul; e, uma após a outra, ele compõe a *Sinfonia Eroica (Heroica): Bonaparte* (1804),[22] a *Ilíada* do Império, e o *finale* da *Sinfonia em Dó Menor* (1805-1808), a epopeia da Glória. A primeira música verdadeiramente revolucionária: a alma do tempo revive nela a intensidade e a pureza que grandes eventos provocam nas grandes Almas solitárias, cujas impressões não são enfraquecidas com o contato da realidade.

A figura de Beethoven mostrava-se, então, motivada pelos reflexos dessas guerras épicas. Estas se manifestavam, talvez não conscientemente, em toda sua obra desse período: na *Abertura de Coriolano* (1807), em que sopram tempestades; no *Quarto Quartuor, Opus 18*, cujo primeiro trecho tem grande afinidade com essa abertura; na *Sonata Appassionata, Opus 57* (1804), da qual Bismarck dizia: "Se eu a ouvisse continuamente, eu seria sempre muito valoroso";[23] na partitura de *Egmont*; e até mesmo em seus concertos para piano, como no *Concerto em Mi Bemol, Opus 73* (1809), em que o próprio virtuosismo é também heroico e pelos quais passam exércitos. [...] Oficiais franceses comparecerão, em novembro de 1805, à estreia de *Fidélio*. É ao general Hulin, vencedor da Bastilha, que se hospeda na residência de Lobkowitz – amigo e mecenas de Beethoven – a quem ele dedica a *Eroica* e a *Quinta Sinfonia*. E em 10 de maio de 1809, Napoleão aporta em Schoenbrunn.[24] Logo Beethoven passará a odiar os conquistadores franceses. Mas não sentiu menos do que eles a força de sua epopeia; e quem não se sentiu como ele só será capaz de entender parcialmente essa música de ações e triunfos imperiais.

* * *

Beethoven interrompeu abruptamente a composição da *Sinfonia em Dó Menor* para escrever, em um único impulso e sem seus habituais estudos, a *Quarta Sinfonia*. A felicidade havia aparecido para ele. Em maio de 1806, ele ficou noivo de Theresa de Brunswick.[25] Ela o amava havia muito tempo – desde que, quando menina, tivera aulas de piano com ele no começo de sua estada em Viena. Beethoven era amigo de seu irmão, o conde Franz. Em 1806, ele foi seu hóspede em Martonvàsàr na Hungria, e foi nessa cidade que eles se amaram. A memória desses dias felizes está preservada em alguns registros de Theresa de Brunswick.[26] "Um domingo à noite", escreveu ela, "depois do jantar, ao luar, Beethoven sentou-se ao piano. Primeiro, ele passeou com a mão espalmada pelo teclado. Franz e eu já conhecíamos isso. Era assim que ele sempre preludiava. Então, tocou alguns acordes nas notas graves; e, lentamente, com uma misteriosa solenidade, tocou uma música de Sebastian Bach.[27] 'Se quiseres dar-me teu coração, que seja primeiro em segredo; e nosso pensamento comum, que ninguém o possa adivinhar.' Minha mãe e o padre já haviam adormecido; diante dele, meu irmão olhava gravemente; e eu, penetrada por sua música e seu olhar, senti a vida em sua plenitude. Na manhã seguinte nos encontramos no parque. Ele me disse: 'Estou escrevendo uma ópera. A figura principal está em mim, na minha frente, aonde quer que eu vá, onde quer que eu fique. Eu nunca estive em tal altura. Tudo é luz, pureza, claridade. Até agora, eu parecia o garoto dos contos de fadas que apanhava as pedrinhas e não via a esplêndida flor desabrochando em seu caminho...'. Foi no mês de maio de 1806 que me tornei sua noiva, apenas com o consentimento de meu amado irmão Franz."

A *Quarta Sinfonia*, escrita naquele ano, é uma flor pura que conservou a fragrância daqueles dias mais calmos de sua vida. E é possível nela observar justamente "a preocupação de Beethoven, então, em conciliar tanto quanto possível seu gênio com o que era conhecido e amado nas formas legadas por seus predecessores".[28] O mesmo espírito conciliatório, nascido do amor, influenciou suas maneiras e seu modo de vida. Ignaz von Seyfried e Grillparzer diziam que ele era animado, vivaz, alegre, espirituoso, cortês, paciente com o despropositado e refinado no modo de vestir-se; e assim ele iludia a todos a ponto de não notarem sua surdez e parecendo saudável, exceto por sua fraca visão.[29] É também o que sugere um retrato seu, em que se vê uma elegância romântica e um pouco de afetação, que, então, pintou Mähler. Beethoven quer agradar e sabe que agrada. O leão está apaixonado: ele guarda suas garras. Mas transparecem nos jogos, nas fantasias e na ternura da *Sinfonia em Si Bemol* a sua formidável força, o seu humor caprichoso e suas frases coléricas.

Essa paz profunda não iria durar, mas a influência benéfica do amor se prolongou até 1810. Beethoven, sem dúvida,

Famoso quadro de Mähler, pintado entre 1804 e 1805.

Joseph Willibrord Mähler, 1804-1805.

deveu a esse amor um autocontrole que favoreceu seu gênio a produzir seus frutos mais perfeitos: uma tragédia clássica, a Sinfonia em Dó Menor, e o divino sonho de um dia de verão, a Sinfonia Pastoral (1808). A Appassionata, inspirada em A tempestade, de Shakespeare,[30] que ele considerava a mais poderosa de suas sonatas, aparece em 1807, e é dedicada ao irmão de Theresa. À própria Theresa, ele dedica a sonhadora e caprichosa Sonata Opus 18 (1809). Uma carta, sem data,[31] endereçada à Amada imortal, exprime, não menos que a Appassionata, a intensidade de seu amor:

"Meu anjo, meu tudo, meu eu... Meu coração está inflamado pelo tanto que tenho para lhe dizer... Ah! onde eu estou, você também está comigo... Choro quando penso que você provavelmente não receberá minhas primeiras notícias até domingo. Eu te amo, assim como você me ama, porém com muito mais força... Ah! Deus! Que vida esta! Sem você! Tão perto, tão longe... Meus pensamentos se apressam até você, minha amada imortal (*meine unsterbliche Geliebte*), às vezes felizes, depois tristes, questionando o destino, perguntando se ele vai nos atender. Ou posso viver com você, ou não vivo... Nunca outra terá meu coração. Nunca! Nunca! Ó Deus! Por que separar os que se amam? Por isso, minha vida, como está agora, é uma vida de aflições. Seu amor fez de mim, ao mesmo tempo, o homem mais feliz e mais infeliz dos homens. Seja gentil, seja gentil... Ame-me! Hoje, ontem, que ardente aspiração, quantas lágrimas por você! Minha vida, meu tudo. Adeus! Oh! Continue a me amar e nunca deixe de conhecer o coração do seu amado L. Eternamente seu, eternamente meu, eternamente nosso!"[32]

Que misteriosa razão impediu a felicidade desses dois seres que se amavam? Talvez a falta de sorte ou diferença de condições. Talvez Beethoven tenha se revoltado com a longa espera que lhe foi imposta e com a humilhação de manter seu amor indefinidamente em segredo. Talvez, violento, doente e misantropo como era, tenha feito sofrer, sem querer, a quem amava, e por isso se desesperasse.

O noivado foi desfeito; mas, no entanto, nem um nem outro parece ter esquecido seu amor. Até o último dia (ela morreu em 1861), Theresa de Brunswick amou Beethoven. E Beethoven disse em 1816: "Pensando nela, meu coração bate tão forte quanto no dia em que a vi pela primeira vez."

Desse mesmo ano são as seis melodias para "minha distante bem-amada" (*an die ferne Geliebte*), *Opus 98*, tão tocantes e tão profundas. Ele escreve em suas anotações: "Meu coração transborda diante da aparência dessa natureza admirável, e ainda assim ela não está aqui, perto de mim!" Theresa havia dado seu retrato a Beethoven, com a dedicatória: "Ao raro gênio, ao grande artista, ao bom homem. T. B."[33] No último ano de sua vida, um amigo surpreendeu Beethoven, sozinho, abraçando esse retrato em lágrimas e falando em voz alta, como de costume: "Você era tão linda, tão grande, semelhante aos anjos!" O amigo se retirou e, ao voltar um pouco mais tarde, encontrou-o ao piano e disse-lhe: "Hoje, meu velho amigo, não há nada de diabólico no seu rosto". Beethoven respondeu-lhe: "É porque meu bom anjo me visitou."

A ferida foi profunda. "Pobre Beethoven", ele mesmo disse, "não há felicidade para você neste mundo. Apenas nas regiões do Ideal, você encontrará amigos."[34] Ele escreve em suas anotações: "Submissão, submissão profunda ao seu destino: não podes mais existir para ti, mas apenas para os outros; para ti, só haverá felicidade em tua arte. Ó Deus, dai-me forças para vencer-me!"

* * *

Ele é, portanto, abandonado pelo amor. Em 1810, está sozinho; mas chegam a glória e o sentimento de seu poder. Ele está no auge da vida. Entrega-se, então, ao seu humor violento e selvagem, sem se importar com nada, sem levar em conta o mundo, as convenções e os julgamentos dos outros. O que há para temer ou poupar? Amor? Ambição? Sua força, que é o que lhe resta, a alegria de sua força e a necessidade de usá-la – quase de abusar dela. "A força, eis a moral dos homens que se distinguem das pessoas comuns." Ele voltou a negligenciar sua aparência e sua liberdade de costumes tornou-se muito mais ousada do que antes. Ele sabe que tem o direito de dizer tudo, mesmo aos poderosos. "Eu não reconheço nenhum outro sinal de superioridade além da bondade", escreveu em 17 de julho de 1812.[35] Bettina Brentano, que o viu então, diz que "nenhum imperador, nenhum rei, tinha tal consciência de sua própria força". Ela ficou fascinada com o poder dele: "Quando o vi pela primeira vez", escreveu ela a Goethe, "todo o universo desapareceu para mim. Beethoven me fez esquecer o mundo e até mesmo você, ó Goethe... Não creio que erro ao afirmar que esse homem está muito à frente da civilização moderna."

Goethe procurou conhecer Beethoven. Eles se encontraram nos banhos de Boêmia, em Teplitz, em 1812 e se deram bem mal. Beethoven admirava apaixonadamente o gênio de Goethe,[36] mas sua personalidade era por demais livre e violenta para dar-se com a de Goethe sem machucá-lo. Ele mesmo contou sobre um passeio que fizeram juntos, em que o orgulhoso republicano deu uma lição de dignidade ao conselheiro áulico do grão-duque de Weimar, que não o perdoou.

"Os reis e os príncipes podem fazer professores e conselheiros secretos; eles podem agraciá-los com títulos e condecorações; mas eles não podem fazer grandes homens, espíritos que se elevam acima do estrume do mundo; e quando dois homens, como eu e Goethe, estão juntos, esses senhores devem sentir nossa grandeza. Ontem encontramos toda a família imperial na estrada, de retorno. Nós a vimos de longe. Goethe desprendeu-se do meu braço, colocando-se à margem do caminho. Em vão, eu lhe disse tudo o que queria, mas não

Romain Rolland 175

pude fazê-lo dar nenhum passo além. Coloquei, então, meu chapéu na cabeça, abotoei meu casaco e me precipitei, braços nas costas, para o meio dos grupos mais densos – príncipes e cortesãos abriram alas. O duque Rodolfo tirou o chapéu à minha passagem; a imperatriz havia me cumprimentado primeiro. Os grandes me conhecem. Para o meu divertimento, vi a procissão passar por Goethe. Ele permanecia à beira da estrada, profundamente curvado, com o chapéu na mão. Dei-lhe um sermão depois disso, não o poupei de nada..."[37] Goethe também não esqueceu.[38]

Incidente em Teplitz. O quadro retrata o encontro de Goethe e Beethoven com a família imperial, evidenciando o contraste entre a postura altiva do compositor, mais à frente, e a do escritor, submisso.

Carl Rohling, 1887.

São desse período a *Sétima* e a *Oitava Sinfonias*, escritas em poucos meses, em Teplitz, em 1812: a *Orgia do Ritmo* e a *Sinfonia Humorística*, obras nas quais ele se mostrou talvez mais natural e, como ele disse, os mais "desabotoados" (*aufgeknoepft*), com seus rompantes de alegria e fúria, suas disparidades inesperadas, suas projeções desconcertantes e grandiosas, suas explosões titânicas que mergulharam Goethe e Zelter no

176 ~ Beethoven

pavor[39] e que faziam dizer no norte da Alemanha que a *Sinfonia em Lá* era obra de um bêbado. De um homem bêbado, de fato, mas vigoroso e genial. "Eu sou", ele disse, "eu sou o Baco que extrai um delicioso néctar para a humanidade. Sou eu quem oferta aos homens o delírio divino do espírito." Não sei se, como Wagner escreveu, ele queria pintar no *finale* de sua *Sinfonia* uma festa dionisíaca.[40] Reconheço especialmente nessa festa ardente a marca de sua herança flamenga, assim como encontro sua origem na audaciosa liberdade de linguagem e costumes, que destoam profundamente no país da disciplina e da obediência. Em nenhum lugar, há mais franqueza e poder de liberdade do que na *Sinfonia em Lá*. É um louco dispêndio de energias sobre-humanas, sem objetivo, por prazer, um prazer fluvial que transborda e submerge. Na *Oitava Sinfonia*, a força é menos grandiosa, porém ainda mais estranha e mais característica do homem, misturando tragédia e farsa, com um vigor hercúleo em jogos e caprichos infantis.[41]

O ano de 1814 marca o auge de Beethoven. No Congresso de Viena, ele foi considerado uma glória europeia e participou ativamente das festividades. Os príncipes lhe renderam homenagens; e ele orgulhosamente deixou-se ser cortejado por eles, como se gabava a Schindler.

Ele estava inflamado pela guerra da independência.[42] Em 1813, compôs a sinfonia *A Vitória de Wellington* e, no início de 1814, um coro bélico, *Renascimento da Alemanha* (*Germanias Wiedergeburt*). No dia 29 de novembro de 1814, dirigiu, diante de um público de reis, uma cantata patriótica, o *Momento Glorioso* (*Der Glorreiche Augenblick*), e compôs para a tomada de Paris, em 1815, um coro: *Tudo está Consumado!* (*Es ist Vollbracht!*). Essas obras de circunstância fizeram mais por sua reputação do que todo o restante de sua música.

Romain Rolland ❧ **177**

A gravura de Blasius Hoefel, baseada em um desenho do francês Letronne, e a máscara feroz moldada no rosto de Beethoven por Franz Klein, em 1812, dão a imagem viva dele na época do Congresso de Viena. O traço dominante do seu rosto de leão, com suas mandíbulas cerradas e pregas raivosas e dolorosas, é a determinação, uma determinação napoleônica. Reconhece-se o homem que, depois da Batalha de Jena, fez a seguinte afirmação sobre Napoleão: "Que infortúnio eu não ser na guerra como sou na música! Eu o venceria!" Mas o seu reino não era deste mundo. "Meu império é no ar", escreveu ele a Franz Brunswick (*Mein Reich ist in der Luft*).[43]

* * *

A esse momento de glória, sucede o mais triste e miserável período.

Viena nunca tinha sido amigável a Beethoven. Um gênio orgulhoso e livre como o seu não poderia mesmo aprazer-se numa cidade hipócrita, mundana e medíocre, que Wagner tão duramente desprezou.[44] Ele não perdia nenhuma oportunidade de se afastar da cidade; e, por volta de 1808, pensou seriamente em deixar a Áustria para ir à corte de Jerônimo Bonaparte, rei da Vestfália.[45] Mas Viena era abundante em recursos musicais; e por esse motivo devemos fazer-lhe justiça. Sempre havia nobres diletantes que percebiam a grandeza de Beethoven e poupavam ao seu país a vergonha de perdê-lo. Em 1809, três dos senhores mais ricos de Viena, o arquiduque Rodolfo, aluno de Beethoven, o príncipe Lobkowitz e o príncipe Kinsky prometeram a ele uma pensão anual de 4 mil florins, com a condição de permanecer na Áustria: "Como é provado", disseram eles, "um homem não pode dedicar-se

Partitura manuscrita da
Sonata para Piano, Opus 109, de 1820.

inteiramente à sua arte exceto se estiver livre de toda preocupação material, e somente assim poderá produzir obras sublimes, que são a glória da arte; então, os signatários resolveram proteger Ludwig van Beethoven dessa necessidade, removendo os obstáculos miseráveis que poderiam se opor ao desenvolvimento de seu gênio."

Infelizmente, a prática não correspondeu às promessas. Essa pensão sempre foi paga de maneira muito irregular; e logo cessou completamente. Viena, além disso, havia se transformado após o Congresso de 1814. A sociedade se distanciava da arte atraída pela política; o gosto musical fora viciado pelo italianismo, e a moda, ligada a Rossini, tratava Beethoven como um pedante.[46]

Os amigos e protetores de Beethoven dispersaram-se ou morreram: o príncipe Kinsky em 1812, Lichnowsky em 1814, Lobkowitz em 1816. Razumowsky, para quem ele havia escrito seus admiráveis quartetos *Opus 59*, deu seu último concerto em fevereiro de 1815. Em 1815, Beethoven se desentende com Stephan von Breuning, seu amigo de infância, o irmão de Eleonore.[47] Ele agora está sozinho:[48] "Não tenho amigos e estou sozinho no mundo", escreveu em suas notas de 1816.

A surdez havia se tornado completa.[49] A partir do outono de 1815, ele não tem mais relações, senão por escrito, com o restante dos homens. Seu mais antigo caderno de conversação é de 1816.[50] Conhece-se o relato doloroso de Schindler sobre a representação de *Fidélio* em 1822: "Beethoven pediu para dirigir o ensaio geral... Desde o dueto do primeiro ato, era evidente que ele não ouvia nada do que estava acontecendo no palco. Ele atrasou consideravelmente o movimento; e enquanto a orquestra seguia sua regência, os cantores se apressavam por sua conta. Seguiu-se uma confusão geral. O regente habitual, Umlauf, propôs um momento de descanso, sem especificar a razão; e, depois de algumas palavras trocadas com os cantores, recomeçamos. A mesma desordem ocorreu novamente. Foi necessário fazer uma segunda pausa. A impossibilidade de continuar sob a direção de Beethoven era evidente; mas como fazê-lo entender? Ninguém teve coragem de dizer-lhe: 'Afaste-se, pobre coitado, você não pode dirigir.' Beethoven, inquieto, agitado, andando de um lado para o outro, esforçava-se para ler a expressão nas diferentes fisionomias e para compreender de onde vinha o obstáculo: por todos os lados, silêncio. De repente, ele me chamou imperiosamente. Quando eu estava perto dele, ele me apontou seu caderno e me fez sinal para escrever. Eu tracei estas palavras: 'Eu imploro para que não continue. Explicarei para você em casa o motivo'. Com um salto, ele se colocou na plateia, gritando para mim: 'Partamos, rápido!' Precipitou-se para sua casa, entrou e se deixou cair em um sofá, cobrindo o rosto com as duas mãos; e assim permaneceu até o horário da refeição. À mesa, não foi possível tirar-lhe nenhuma palavra; ele manteve a expressão de desânimo e da dor mais profunda. Depois do jantar, quando eu quis deixá-lo, ele me deteve, expressando seu desejo de não ficar sozinho. Quando nos separamos, ele me pediu para acompanhá-lo ao seu médico, que tinha uma grande reputação no tratamento de doenças do ouvido... Em todo o tempo de minha amizade com Beethoven, não consigo encontrar um dia que possa ser comparado àquele dia fatal de novembro... Ele estava ferido no coração e, até sua morte, viveu sob a impressão dessa terrível cena."[51]

Dois anos mais tarde, em 7 de maio de 1824, dirigindo a *Sinfonia com Coros* (ou melhor, como dizia o programa, "participando da direção do concerto"), ele não pôde ouvir nada do barulho de todo o salão que o aplaudia. Beethoven não suspeitava até que um dos cantores, tomando-o pela mão, virou-o para a plateia e conduziu-o a ver todo o público de pé, agitando os chapéus e batendo palmas. Um viajante inglês, Russel, que o viu ao piano, por volta de 1825 disse que, quando ele queria tocar suavemente, as teclas não soavam e que era impressionante acompanhar nesse silêncio a emoção que animava seu rosto e seus dedos crispados.

Emparedado em si mesmo,[52] separado do resto dos homens, ele só encontrava consolo na natureza. "Era sua única confidente", disse Theresa de Brunswick. Foi o seu refúgio. Charles Neate, que o conheceu em 1815, disse nunca ter visto ninguém que amasse tanto as flores, as nuvens, a natureza.[53] Ele parecia viver dela. "Ninguém na terra pode amar o campo tanto quanto eu", escreve Beethoven... "Eu amo mais uma árvore que o homem...". Todos os dias em Viena ele dava uma volta em torno das muralhas. No campo, do amanhecer à noite, ele vagava sozinho, sem chapéu, sob o sol ou a chuva. "Todo-Poderoso! Na floresta eu sou feliz, sou feliz na floresta – onde cada árvore fala por Ti. Deus, que esplendor! Nestas florestas, nas colinas, é calmo – calmo para servir-Te."

Sua inquietação de espírito encontrava ali um pouco de descanso.[54] Ele foi atormentado por preocupações com dinheiro. Em 1818, escreveu: "Estou quase reduzido a mendicância e sou forçado a simular um ar de quem não sente falta de nada". E ainda: "*Sonata Opus 106* foi escrita em circunstâncias prementes. É algo muito penoso trabalhar para ganhar o pão". Spohr contou que, muitas vezes, Beethoven não podia sair por causa de seus sapatos furados. Ele devia muito a seus editores e suas obras não lhe rendiam nada. A *Missa em Ré*, submetida a subscrição, recolheu sete assinantes (sendo que nenhum deles era músico).[55] Ele recebia apenas trinta ou quarenta ducados por suas admiráveis sonatas, cada uma custando-lhe três meses de trabalho. O príncipe Galitzin fez com que ele compusesse seus *Quartetos Opus 127, 130, 132*, talvez suas obras mais profundas e que pareciam ter sido escritas com seu sangue; e ele não os pagou. Beethoven consumia-se em dificuldades domésticas, em provações sem fim, para obter as pensões que lhe eram devidas, ou para preservar a tutela de um sobrinho, Karl, filho de seu irmão que morreu de tuberculose em 1815.

Ele havia transferido para essa criança a necessidade de dedicação que transbordava de seu coração. Aqui, novamente, foram-lhe reservados cruéis sofrimentos. Parece que uma espécie

Pintura de 1910, representando uma visão idealizada da forte relação entre Beethoven e a natureza, seu refúgio.

de estado de graça cuidou constantemente de renovar-se e de aumentar sua miséria para que seu gênio nunca deixasse de ser alimentado. Primeiro, Beethoven precisou disputar o pequeno Karl com sua indigna mãe, que queria tirá-lo dele. "Ó meu Deus", escreveu ele, "meu baluarte, minha defesa, meu único refúgio! Você lê nas profundezas da minha alma e conhece as dores que eu sinto quando tenho que fazer sofrer aqueles que querem disputar meu Karl, meu tesouro.[56] Ouça-me, Ser que não sei mais como nomear, ouça a ardente oração da mais infeliz de suas criaturas! Ó Deus! Socorra-me! Você me vê abandonado por toda a humanidade, por não querer pactuar com a injustiça! Ouça a oração que lhe faço, ao menos para o futuro, de viver com meu Karl!... Oh destino cruel, destino implacável! Não, não, meu infortúnio nunca terminará!"

Mas esse sobrinho, tão apaixonadamente amado, mostrou-se indigno da confiança de seu tio. A correspondência de Beethoven com ele é dolorosa e revoltada, como a de Michelangelo com seus irmãos, mas mais ingênua e mais comovente: "Devo novamente ser pago pela mais abominável ingratidão? Pois bem, se a ligação entre nós deve ser rompida, que seja! Todas as pessoas imparciais que o souberem vão te odiar... Se o pacto que nos liga pesa-te, em nome de Deus, que seja feito de acordo com sua vontade! Eu te entrego à Providência. Fiz tudo o que pude; posso comparecer perante o Juiz Supremo".[57]

"Corrompido como és, não te faria mal se tentasses ser simples e verdadeiro; meu coração sofreu muito com tua conduta hipócrita em relação a mim, e me é difícil esquecer... Deus é testemunha, só desejo agora é estar a mil milhas de distância de ti, desse triste irmão e dessa família abominável. Eu não posso mais confiar em ti." E ele assina: "Infelizmente, seu pai, ou melhor, não mais seu pai".[58]

Mas o perdão vem imediatamente: "Meu querido filho! Nem mais uma palavra, vem para os meus braços, tu não ouvirás palavras duras. Eu te receberei com o mesmo amor. O que fazer em relação ao teu futuro, vamos falar sobre isso de uma forma amigável. Palavra de honra, sem reprimendas! Elas não teriam nenhum propósito. Não esperes de mim nada além de solicitude e o mais amoroso auxílio. Vem, vem para o coração fiel de teu pai Beethoven. Vem imediatamente depois de receber esta carta, volta para casa." (E acima do endereço: *Se tu não vieres, certamente vais me matar*".)[59]

"Não mintas", suplica ele, "continua sempre meu amado filho! Que horrível dissonância se me pagar com hipocrisia; como querem me fazer crer! Adeus, aquele que não te deu a vida, mas que certamente a conservou e cuidou tanto quanto possível de teu desenvolvimento moral, com um afeto mais que paternal, te suplica, do fundo do teu coração, para seguir o único caminho verdadeiro do bem e da justiça. Teu fiel bom pai".[60]

Depois de acalentar todos os tipos de sonhos para o futuro do sobrinho, a quem não faltava inteligência, e que ele queria direcionar para a carreira universitária, Beethoven teve que concordar em fazê-lo comerciante. Mas Karl frequentava casas de jogos, estava endividado. Por um triste fenômeno, mais frequente do que pensamos, a grandeza moral de seu tio, em vez de fazer-lhe bem, magoou-o, exasperou-o, instigou-o a revoltar-se, como ele disse nessas terríveis palavras, em que se mostra crua essa alma miserável: "Eu me tornei o pior porque meu tio queria que eu fosse o melhor." No verão de 1826, ele chegou a disparar uma pistola na cabeça. Não morreu, mas foi Beethoven quem quase morreu – ele nunca se recuperou dessa emoção assustadora.[61] Karl curou-se: viveu até o fim para fazer seu tio sofrer, ficou a par da morte dele e não esteve a seu lado na hora de seu falecimento. "Deus nunca me abandonou", escreveu Beethoven ao sobrinho alguns anos antes. "Há de haver alguém para fechar meus olhos." Não deveria ser aquele a quem chamou de "seu filho".[62]

* * *

Foi do fundo desse abismo de tristeza que Beethoven começou a celebrar a Alegria. Esse era o projeto de toda a sua vida. Desde 1793, em Bonn, ele já pensava nisso.[63] Toda a vida ele quis cantar a Alegria e fazer dela a coroação de uma de suas grandes obras. Durante toda a sua vida, hesitou em

Romain Rolland ❧ **185**

encontrar a forma exata do hino e a obra em que poderia ter seu lugar. Mesmo em sua *Nona Sinfonia*, ele estava longe de ter se decidido. Até o último momento, ele esteve prestes a dar a *Ode à Alegria* a uma décima ou décima primeira sinfonia. Deve-se notar que a *Nona* não é intitulada como dizem *Sinfonia com Coros*, mas *Sinfonia com um Coro Final sobre a Ode à Alegria*. Ela quase teve uma conclusão diferente. Em julho de 1823, Beethoven ainda pensava em dar-lhe um *finale* instrumental, que depois empregou no *Quarteto Opus 132*. Czerny e Sonnleithner chegam a afirmar que mesmo após a sua execução (maio de 1824), Beethoven ainda não havia abandonado essa ideia.

Houve, na introdução do coro da *Sinfonia*, grandes dificuldades técnicas, como atestam os cadernos de notas de Beethoven e seus numerosos ensaios para introduzir as vozes de maneira diferente ou em outro momento da obra. Nos esboços da segunda melodia *adagio*,[64] ele escreveu: "Talvez o coro entrasse aqui mais corretamente". Mas ele não pôde separar-se de sua orquestra fiel. "Quando uma ideia vem a mim", disse ele, "ouço-a em um instrumento, nunca em vozes". Assim, ele recua o máximo possível o momento de usar as vozes, e chega ao ponto de dar primeiro aos instrumentos não apenas os recitativos do *finale*,[65] mas o próprio tema da Alegria.

Mas é preciso ir além na explicação dessas hesitações e adiamentos: a causa é mais profunda. Esse homem infeliz, constantemente atormentado pela tristeza, sempre aspirou a cantar a excelência da Alegria; e, de ano a ano, ele adiava sua tarefa, continuamente atravessado pelo turbilhão de suas paixões e por sua melancolia. Foi só no último dia que ele conseguiu. Mas com que grandeza!

No momento em que o tema da Alegria aparece pela primeira vez, a orquestra para abruptamente; há um súbito silêncio, que dá à entrada do canto um caráter misterioso e divino. E é exatamente isso: esse tema é realmente um deus. A alegria desce do céu envolta em uma calma sobrenatural: com sua leve brisa, acaricia os sofrimentos. E a primeira impressão que ela deixa ao entrar no coração convalescente é tão suave que, como disse um amigo de Beethoven, "temos vontade de chorar ao ver seus doces olhos". Quando, em seguida, o tema passa às vozes, é por meio do tom baixo que se apresenta a princípio, com caráter sisudo e um tanto opressivo. Mas pouco a pouco a Alegria se apodera desse sentimento. É uma conquista, uma guerra contra a dor. E eis que surgem, então, os ritmos de marcha, os exércitos em movimento, o canto ardente e ofegante do tenor, todas as páginas vibrantes por meio das quais se acredita sentir o hálito do próprio Beethoven, o ritmo de sua respiração e seus gritos inspirados, enquanto vagava pelos campos, compondo sua obra, transportado com fúria demoníaca, como um velho rei Lear, para o meio da tempestade. À alegria guerreira sucede o êxtase religioso; depois, uma orgia sagrada, um delírio de amor. Toda a humanidade arrebatada alcança o céu, lança clamores poderosos, atira-se em direção à Alegria e abraça-a na altura do coração.

A obra do Titã superou a mediocridade pública. A frivolidade de Viena foi abalada por um instante; ela que era toda Rossini e óperas italianas. Beethoven, humilhado e entristecido, pensava em se estabelecer em Londres e lá executar a *Nona Sinfonia*. Mas, pela segunda vez, como em 1809, alguns amigos nobres lhe enviaram uma petição para que ele não deixasse o país. "Nós sabemos", disseram, "que você escreveu uma nova composição de música sacra,[66] por meio da qual expressou os sentimentos que inspiram *sua fé profunda*. Iluminada pela *luz sobrenatural* que penetra sua grande alma. Sabemos, ainda, que a coroa de suas grandes sinfonias foi acrescida de mais uma flor imortal... Sua ausência durante esses últimos anos afligiu a todos aqueles que tinham os olhos voltados para você.[67] Todos pensaram com tristeza que o homem de gênio, tão elevado entre os vivos, tinha permanecido em silêncio enquanto uma espécie de música estrangeira tentava ser transplantada para a nossa terra, relegando ao esquecimento as produções da arte alemã. Só de você a nação espera uma nova vida, novos louros e um novo reino da verdade e da beleza, apesar da moda corrente. Dê-nos esperança de ver em breve os nossos desejos realizados... E que a primavera vindoura floresça duplamente, graças aos seus dons, para nós e para o mundo."[68]

Esse generoso pedido evidencia o poder artístico e também moral de que gozava Beethoven no seio da elite da Alemanha. A primeira palavra oferecida a ele por seus admiradores para louvar sua genialidade não é a "ciência", nem "arte": é "fé".[69]

Beethoven ficou profundamente comovido com essas palavras. Ele permaneceu. Em 7 de maio de 1824, aconteceu em Viena a primeira audição da *Missa em Ré* e da *Nona Sinfonia*. O sucesso foi triunfante, assumindo até um caráter quase sedicioso. Quando Beethoven apareceu, foi saudado com cinco salvas de palmas – o costume da etiqueta do país permitia apenas três para a entrada da família imperial. A polícia teve que pôr termo às manifestações. A *Sinfonia* provocou um entusiasmo frenético. Muitos choravam. Beethoven desmaiou de emoção ao fim do concerto; foi levado para a casa de Schindler; lá permaneceu, dormindo, completamente vestido, sem comer ou beber, durante toda a noite e a manhã seguinte.

Um triunfo fugaz com resultado prático nulo para Beethoven. O concerto não lhe rendeu nada em troca. As dificuldades materiais de sua vida não mudaram. Ele se viu pobre, doente,[70] solitário, mas vencedor[71] – vencedor da mediocridade dos homens, vencedor de seu próprio destino, vencedor do seu sofrimento.

"Sacrifique, sacrifique sempre o absurdo da vida à sua arte! Deus acima de tudo!" (*O Gott über alles!*).

* * *

Beethoven, enfim, apreendeu o objetivo de toda a sua vida. Ele conquistou a Alegria. Saberá ele se manter nesse estado da alma que domina as tempestades? Certamente, ele deve ter sentido algumas recaídas às antigas angústias. Certamente, pois seus últimos quartetos estão cheios de sombras estranhas. No entanto, parece que a vitória da *Nona Sinfonia* deixou nele uma marca gloriosa. Os projetos que acalentava para o futuro:[72] a *Décima Sinfonia*,[73] a *Abertura sobre o Nome de Bach*, a música para *Melusina*, de Grillparzer,[74] para o *Odysseu*, de Kurtner, e para o *Fausto*, de Goethe,[75] o oratório bíblico sobre *Saul e David* – planos que mostram seu espírito voltado para a serenidade marcante dos grandes mestres alemães: de Bach e de Haendel, e, mais ainda, para a luz do Sul, para o Sul da França ou para aquela Itália que ele sonhava conhecer.[76]

O dr. Spiller, que o viu em 1826, disse que seu rosto se tornou alegre e jovial. No mesmo ano, quando Grillparzer esteve com ele pela última vez, foi Beethoven quem deu energia ao poeta desalentado: "Ah!", disse ele, "se eu tivesse uma milésima parte de sua força e firmeza!" Os tempos são difíceis; a reação monárquica oprime os espíritos. "A censura me matou", resmungou Grillparzer. "Será preciso ir para a América do Norte se quisermos conversar, pensar livremente." Mas nenhum governo era capaz de amordaçar o pensamento de Beethoven. "As palavras estão acorrentadas; mas os sons, para nossa felicidade, ainda estão livres", escreve-lhe o poeta Kuffner. Beethoven é a grande voz livre, talvez a única, do pensamento alemão. Ele sabia disso. Falava frequentemente do dever que se impunha a ele de agir, por meio de sua arte, "pela humanidade pobre", pela "humanidade vindoura" (*der künftigen Menschheit*), a fim de fazer-lhe o bem, a fim de dar-lhe coragem, para sacudi-la de seu sono, para açoitar a covardia. "Nosso tempo", escreveu ele ao sobrinho, "requer mentes fortes para instigar esses miseráveis de almas humanas desgraçadas." O dr. Müller disse, em 1827, que "Beethoven sempre se manifestou livremente sobre o governo, a polícia, a aristocracia, até mesmo em público. A polícia conhecia suas opiniões, mas tolerava suas críticas e suas sátiras como devaneios inofensivos; e deixava em paz o homem cujo gênio era de um brilho extraordinário".[77]

Assim, nada era capaz de dobrar essa sua força indomável, que parecia estar agora fazendo um jogo doloroso. A música escrita nos últimos anos, apesar das circunstâncias penosas[78] em que foi composta, tem muitas vezes um novo traço de ironia, de desprezo heroico e alegre. Quatro meses antes de sua morte, em novembro de 1826, o último trecho que ele terminou de compor – o novo *finale* do *Quarteto Opus 130* – é bastante alegre. Na verdade, não é uma alegria de todos. Ora é o riso áspero e brusco de que falava Moschelesa; ora o riso emocionado, feito por tanto sofrimentos vencidos. Não importa, ele é um vencedor. Ele não acredita na morte.

No entanto, ela estava se aproximando. No final de novembro de 1826, Beethoven pegou um resfriamento pleurítico. Ele adoeceu em Viena ao retornar de uma jornada de inverno para garantir o futuro de seu sobrinho.[79] Seus amigos estavam longe. Ele pediu ao seu sobrinho para conseguir um médico para ele. O miserável esqueceu-se da incumbência, só se lembrando dois dias depois. O médico chegou tarde demais e não cuidou bem de Beethoven. Por três meses, sua constituição atlética travou uma luta contra a doença. Em 3 de janeiro de 1827, ele nomeou seu sobrinho amado como seu único herdeiro. Pensou em seus queridos amigos no Reno; escreveu ainda para Wegeler: "[...] como eu desejaria falar-te! Mas estou muito fraco. Não posso deixar de guardá-lo em meu coração, a você e a Lorchen." Sem a generosidade de alguns amigos ingleses, a miséria teria entristecido seus últimos momentos. Ele se tornou muito gentil e muito paciente.[80] Em seu leito de agonia, em 17 de fevereiro de 1827, depois de três operações e esperando pela quarta,[81] escreveu com serenidade: "Eu me mantenho paciente e penso: Todo o mal traz com ele algum bem".

O bem foi sua redenção, "o fim da comédia", como ele disse ao morrer. Digamos: da tragédia de sua vida.

Ele morreu durante uma tempestade – uma tempestade de neve – ao clarão de um relâmpago. Uma mão estranha fechou-lhe os olhos[82] (em 26 de março de 1827).

* * *

Caro Beethoven! Muitos já louvaram sua grandeza artística. Mas ele é muito mais do que o primeiro dos músicos. Ele é a força mais heroica da arte moderna. Ele é o maior e melhor amigo daqueles que sofrem e lutam. Quando estamos entristecidos pelas misérias do mundo, é ele quem nos vem, quando se senta ao piano de uma mãe de luto e, sem dizer uma palavra, consola aquela que chora com o canto de sua piedade. E quando a fadiga nos atinge na eterna batalha inutilmente travada contra a mediocridade dos vícios e das virtudes, é um bem inenarrável reencontrarmo-nos com esse oceano de vontade e fé. Depreende dele uma inspiração de valentia, uma felicidade guerreira,[83] a embriaguez de uma consciência que sente em si um Deus. Parece que em sua comunhão perene com a natureza,[84] ele acabou assimilando suas energias profundas. Grillparzer, que admirava Beethoven com uma espécie de reverência, disse sobre ele: "Ele foi até o formidável ponto onde a arte se funde com elementos selvagens e caprichosos." Schumann escreve da mesma forma sobre a *Sinfonia em Dó Menor*: "Sempre que a ouvimos, ela exerce sobre nós um poder invariável, como aqueles fenômenos da natureza que, mesmo que tão frequentemente se reproduzam, sempre nos preenchem de medo e espanto." E Schindler, seu confidente: "Ele apossou-se do espírito da natureza". Isso é verdade: Beethoven é uma força da natureza; e é um espetáculo de grandeza homérica sua luta de uma potência primitiva contra o restante da natureza.

Toda a sua vida é como um dia de tempestade – no começo, uma manhã límpida. Apenas alguns suspiros de languidez. Mas depois, no ar imóvel, uma ameaça secreta, um pressentimento pesado. De repente, grandes sombras passam, surgem trágicos ruídos, zumbidos assustadores e terríveis e as rajadas de vento furiosas da *Eroica* e da *Quinta Sinfonia*. No entanto, a pureza do dia ainda não foi atingida. A alegria continua alegria; a tristeza conserva sempre a esperança. Mas, depois de 1810, o equilíbrio da alma se rompe. A luz se torna estranha. Os pensamentos mais claros são vistos subindo como vapores;

eles se dissipam; transformam-se; obscurecem o coração com sua inquietação melancólica e caprichosa. Muitas vezes, a ideia musical parece desaparecer completamente, afogada, depois de ter uma ou duas vezes emergido das brumas; e só emerge no final da peça por uma rajada de vento. A própria alegria assume um caráter áspero e selvagem. Uma febre, um veneno mistura-se a todos os sentimentos.[85] A tempestade se adensa à medida que a noite cai. E eis que surgem as nuvens pesadas, carregadas de relâmpagos, negras como a noite, cheias de temporais, desde o começo da *Nona*. De repente, no auge da tormenta, a escuridão é dilacerada, a noite é expulsa do céu e a serenidade do dia é restaurada por um ato de vontade.

Que conquista vale a pena, que batalha de Bonaparte, que sol de Austerlitz alcança a glória desse esforço sobre-humano, dessa vitória, a mais brilhante que já alcançou o Espírito? – um homem desafortunado, pobre, doente, solitário, a dor que fez o homem, a quem o mundo recusou a alegria, e que cria ele mesmo sua alegria para dar ao mundo. Ele forja-a com sua miséria, como disse orgulhosamente em uma expressão que resume sua vida e que é o lema de toda alma heroica:

"A Alegria pelo Sofrimento."
Durch Leiden Freude.

Für meine Brüder Carl und Beethowen

O ihr Menschen die ihr mich für Feindseelig störisch oder Misantropisch haltet oder erkläret, wie unrecht thut ihr mir, ihr wißt nicht die geheime ursache von dem, was euch so scheinet, mein Herz und mein Sinn waren von Kindheit an für das zarte Gefühl des Wohlwollens, selbst große Handlungen zu verrichten dazu war ich immer aufgelegt, aber bedenket nur daß seit 6 jahren ein heilloser Zustand mich befallen, durch unvernünftige Ärzte verschlimmert, von jahr zu jahr in der Hofnung gebessert zu werden, betrogen, endlich zu dem überblick eines daurenden Übels (dessen Heilung vieleicht jahre dauren oder gar unmöglich ist) gezwungen, mit einem feurigen Lebhaften Temperamente gebohren selbst empfänglich für die Zerstreuungen der Gesellschaft, muste ich früh mich absondern, einsam mein Leben zubringen, wollte ich auch zuweilen mich einmal über alles das hinaussezen, o wie hart wurde ich dan durch die verdoppelte traurige Erfahrung meines schlechten Gehör's dann zurückgestoßen, und doch wars mir noch nicht möglich den Menschen zu sagen: sprecht lauter, schreyt, denn ich bin Taub, ach wie wär es möglich daß ich dann die Schwäche eines Sinnes angeben sollte, der bey mir in einem Vollkommenern Grade als bey andern seyn sollte, einen Sinn denn ich einst in der grösten Vollkommenheit besaß, in einer Vollkommenheit, wie ihn wenige von meinem Fache gewiß haben noch gehabt haben — o ich kann es nicht, drum verzeiht, wenn ihr mich da zurückweichen sehen werdet, wo ich mich gerne unter euch mischte, doppelt wehe thut mir mein unglück, indem ich dabey verkannt werden muß, für mich darf Erholung in Menschlicher Gesellschaft, feinere unterredungen, wechselseitige Ergießungen nicht statt haben, ganz allein fast nur so viel als es die höchste Nothwendigkeit fodert, darf ich mich in gesellschaft einlassen, wie ein Verbannter muß ich leben, nahe ich mich einer Gesellschaft, so überfällt mich eine heiße Ängstlichkeit, indem ich befürchte in Gefahr gesezt zu werden, meinen Zustand merken zu laßen — so war es denn auch dieses halbe Jahr, was ich auf dem Lande zubrachte, von meinem Vernünftigen Arzte aufgefordert, so viel als möglich mein Gehör zu schonen, kam er fast meiner jezigen natürlichen Disposition entgegen, obschon, vom Triebe zur Gesellschaft manchmal hingerissen, ich mich dazu verleiten ließ, aber welche Demüthigung wenn jemand neben mir stund und von weitem eine Flöte hörte und ich nichts hörte, oder jemand den Hirten Singen hörte, und ich auch nichts hörte,

TESTAMENTO
DE HEILIGENSTADT[86]

Para meus irmãos Carl e Johann[87] Beethoven

Ó vós, homens, que me considerais ou me fazeis passar por rancoroso, louco ou misantropo, quão injusto sois comigo! Não sabeis o motivo secreto do que lhe pareceis ser assim! Meu coração e minha mente estavam inclinados desde a infância para o doce sentimento de bondade. Mesmo para realizar grandes ações, sempre estive disposto. Mas pensais em como, por seis anos, tem sido o meu estado terrível, agravado por médicos sem julgamento, enganado ano após ano, na esperança de melhora, e, por fim, diagnosticado com a perspectiva de um dano duradouro – cuja cura pode levar anos, se não for completamente impossível. Nascido com um temperamento ardente e ativo, acessível até mesmo às distrações da sociedade, tive cedo de me separar dos homens e passar minha vida solitária. Se por vezes eu desejasse superar tudo isso, oh!, como tive de enfrentar a triste e renovada experiência da minha deficiência! E, no entanto, não me foi possível dizer aos homens: "Fale mais alto, grite; porque eu sou surdo!" Ah! como poderia ser possível para mim revelar a deficiência de um sentido que deveria ser mais perfeito em mim do que em outros, um sentido que eu possuí outrora com perfeição máxima, uma perfeição que sem dúvida poucos da minha arte antes tiveram! Oh!, eu não posso com isso! Perdoai-me, se me vierdes vivendo a distância, quando eu gostaria de me juntar convosco. Meu infortúnio é para mim duplamente doloroso, pois devo a ele o fato de não ser compreendido. A mim é proibido encontrar repouso na sociedade dos homens, em conversas delicadas, em efusões mútuas. Sozinho, completamente sozinho. Não posso me arriscar no mundo a menos que uma necessidade imperativa o exija. Devo viver como um homem proscrito. Se me aproximo de um grupo, sou tomado por uma angústia voraz, por medo de ser exposto e que alguém perceba a minha condição.

Foi por esse motivo que acabei de passar seis meses no campo. Meu sábio médico me persuadiu a poupar minha audição o máximo possível; o que veio ao encontro de minhas próprias intenções. E, no entanto, muitas vezes dominado pela minha inclinação ao convívio social, deixo-me levar.

Mas que humilhação, quando alguém perto de mim ouvia o som de uma flauta a distância, e eu não ouvia nada, ou quando alguém ouvia um pastor cantar, e eu ainda não ouvia nada![188] Tais experiências me levaram muito próximo ao desespero: e eu quase acabei com minha vida. Foi a arte, apenas ela, que me conteve. Ah!, parecia-me impossível deixar este mundo sem antes ter realizado tudo o que eu me sentia incumbido a fazer. E então prolonguei esta vida miserável – realmente miserável – deste corpo tão irritável que a menor mudança pode me levar do melhor para um estado pior! – Paciência! – então eles diziam. E é ela agora que devo escolher como guia. E eu a tenho. Durável, assim espero, deve ser a minha resolução de resistir até que valha a pena que o destino inexorável corte o fio da minha vida. Talvez seja melhor, talvez não: estou preparado. Aos vinte e oito anos, já ser forçado a se tornar filósofo não é fácil; é mais difícil ainda para um artista do que para qualquer outro.

Divindade, tu entras no fundo do meu coração, tu me conheces, tu sabes que o amor aos homens e o desejo de fazer o bem o habitam!

Oh, homens, se um dia lerdes isso, pensai que tendes sido injustos comigo; e que o infeliz se consola ao encontrar um homem tão desafortunado quanto ele e que, apesar de todos os obstáculos da natureza, fez tudo o que estava ao seu alcance para ser admitido na categoria de artistas e homens da mais alta classe.

Vós, meus irmãos Carl e (Johann), assim que eu estiver morto, e se o professor Schmidt ainda viver, peço a ele que, em meu nome, descreva minha doença e a história da minha doença, e anexe com esta carta, para que depois da minha morte, pelo menos tanto quanto possível, o mundo se reconcilie comigo. Além disso, reconheço ambos como herdeiros da minha pequena fortuna – se é que podemos chamar assim. Divida-a lealmente entre vós, em comum acordo, e ajudai-vos um ao outro. O mal que me fizestes, já o sabeis, eu perdoei há muito tempo. A ti, irmão Carl, eu particularmente agradeço pelo apego que me devotaste nos últimos tempos. Meu desejo é que tenhais uma vida mais feliz e livre de preocupações do que a minha. Recomendai a vossos filhos a Virtude: só ela pode trazer felicidade, não o dinheiro. Falo por experiência. Foi ela que me sustentou em minha miséria; é a ela que devo, assim como à minha arte, não ter terminado com minha vida pelo suicídio. Adeus, e amai-vos! Agradeço a todos os meus amigos, especialmente ao príncipe Lichnowsky e ao professor Schmidt. Desejo que os instrumentos do príncipe L. sejam conservados por um de vós. Mas que não haja nenhum desentendimento sobre esse assunto entre vós. Se não puderdes dar-lhes melhor destino, melhor vendê-los imediatamente. Quão feliz serei se ainda puder vos servir em meu túmulo!

Se assim for, com alegria voarei para encontrar a morte. Se isso acontecer antes de eu ter tido a oportunidade de desenvolver todas as minhas faculdades artísticas, apesar do meu duro destino, seria para mim muito cedo e eu gostaria de atrasá-la. Mas mesmo assim, estou feliz. Não me livrará ela de um estado de sofrimento sem fim? – Venha quando quiseres, irei corajosamente ao teu encontro. – Adeus, e não me esquecei completamente depois de minha morte; mereço que pensei em mim; porque muitas vezes pensei em vós em minha vida para fazer-vos felizes. E sede felizes!

Ludwig Van Beethoven
Heiligenstadt, 6 outubro de 1802

Para meus irmãos Carl e Johann,
Para ser lido e executado depois de minha morte.

Heiligenstadt, 10 de outubro de 1802. – Assim eu me despeço de ti, certamente com tristeza. – Sim, a cara esperança que eu guardei até aqui de ser curado, pelo menos até certo ponto, deve ser abandonada completamente. Como as folhas de outono, que murcham e caem, assim também ela secou para mim. Da mesma forma como vim, estou indo embora. Mesmo a imensa coragem, que muitas vezes me sustentou em belos dias do verão, desvaneceu. Providência, dê-me ao menos mais uma vez um dia de pura alegria! Faz tanto tempo que a profunda ressonância da verdadeira alegria é estranha para mim! Oh! Quando, oh!, quando, ó Divindade, ainda poderei sentir-me no Templo da Natureza e dos Homens? Nunca? Não! Oh!, seria muito cruel!

NOTAS

[1] J. Russel (1822) – Charles Czerny, uma criança que o viu em 1801, com uma barba de vários dias e uma juba selvagem, vestindo jaqueta e calças de couro de cabra, pensou ter encontrado Robinson Crusoé.

[2] Nota do pintor Kloeber, que fez seu retrato por volta de 1818.

[3] "Seus lindos olhos expressivos", disse o dr. W.-C. Müller, "às vezes são gentis e ternos, às vezes perturbados, ameaçadores e terríveis" (1820).

[4] Kloeber diz: "de Ossian". Todos esses detalhes são emprestados das anotações de amigos de Beethoven, ou viajantes que o viram, como Czerny, Moscheles, Kloeber, Daniel Amadeus Atterbohm, W. C. Muller, J. Russell, Júlio Bento, Rochlitz etc.

[5] Seu avô Ludwig, o homem mais notável da família, aquele com quem Beethoven mais se parecia, nasceu em Antuérpia e só se estabeleceu em Bonn aos 20 anos, onde se tornou regente de coro do príncipe-eleitor. Não devemos esquecer esse fato, se quisermos entender a impetuosa independência da natureza de Beethoven e tantos outros traços de seu caráter, que não são propriamente alemães.

[6] Carta ao dr. Schade, Augsburg, 15 de setembro de 1787 (Nohl, *Letters of Beethoven*, II)

[7] Ele disse mais tarde (em 1816): "É pobre o homem que não sabe morrer! Com apenas 15 anos, já sabia disso."

[8] Beethoven também encontrou um amigo e um guia no excelente Christian Gottlob Neefe, seu mestre, cuja nobreza moral não exerceu menos influência sobre ele do que a amplitude de sua inteligência artística.

[9] A Wegeler, 29 de junho de 1801 (Nohl, XIV).

[10] Ele já havia feito uma curta viagem na primavera de 1787. Então, conheceu Mozart, que parece ter prestado pouca atenção a ele. Haydn, que conheceu em Bonn em dezembro de 1790, deu-lhe algumas aulas. Beethoven também teve como professores Albrechtsberger e Salieri. O primeiro ensinou-lhe o contraponto e a fuga; o segundo ensinou-o a escrever para a voz.

[11] Ele estava apenas começando. Seu primeiro concerto em Viena como pianista aconteceu em 30 de março de 1795.

[12] Em Wegeler, 29 de junho de 1801 (Nohl, XIV). "A nenhum dos meus amigos deve faltar nada enquanto eu tiver alguma coisa", escreveu a Ries em 1801 aproximadamente (Nohl, XXIV).

[13] No *Testamento* de 1802, Beethoven diz que se passaram seis anos desde o início do mal – ou seja, em 1796. Notemos de passagem que, no catálogo de suas obras, a *Opus 1* (*Três Trios*) é a única anterior a 1796. A *Opus 2*, as três primeiras sonatas para piano, aparece em março de 1796. Podemos, portanto, dizer que toda a obra de Beethoven é de Beethoven surdo. Veja sobre a surdez de Beethoven um artigo do doutor Klotz-Forest, em *Chronique Médicale*, de 15 de maio de 1905. O autor acredita que a origem da doença foi uma afecção geral

199

hereditária (talvez pela tuberculose da mãe). Ele diagnosticou em 1796 como catarro nas trompas de Eustáquio que, por volta de 1799, havia evoluído para uma otite média aguda. Não tratada corretamente, evoluiu para uma otite catarral crônica, com todas as consequências dela decorrentes. A surdez progrediu, mas sem jamais tornar-se total. Beethoven podia ouvir melhor ruídos graves que sons altos. Nos seus últimos anos de vida, serviu-se, dizem, de uma vareta em que uma extremidade era colocada na caixa de seu piano e a outra entre seus dentes. Quando compunha, ele usava esse recurso para poder ouvir.

(Ver sobre essa mesma questão: C. G. Kunn, *Wiener medizinische Wochenschrift*, fevereiro-março de 1892; Wilibald Nagel, *Die Musik*, março de 1902.)

Conservam-se no Museu Beethoven, em Bonn, os instrumentos acústicos que o mecânico Maelzel fabricou para Beethoven, em, aproximadamente, 1814.

[14] Nohl, *Cartas de Beethoven*, XIII.

[15] Nohl, *Cartas de Beethoven*, XIV.

[16] A Wegeler, 16 de novembro de 1801 (Nohl, XVIII).

[17] Mais tarde, ela não teve escrúpulos em explorar o antigo amor de Beethoven em favor de seu marido. Beethoven ajudou Gallenberg. "Ele era meu inimigo: e foi essa exatamente a razão pela qual eu fiz a ele todo o bem possível", disse ele a Schindler em uma de suas anotações de 1821. Mas ele a desprezava mais. "Chegando a Viena", escreve ele em francês, "ela me procurava, chorando, mas eu a desprezei."

[18] Em 6 de outubro de 1802 (Nohl, XXVI).

[19] "Aconselhe sempre a virtude a seus filhos; só ela pode fazê-los felizes, não o dinheiro. Falo por experiência. Foi ela que me amparou em minha miséria; é a ela que atribuo, assim como à minha arte, o fato de não ter acabado com minha vida por meio do suicídio." E em outra carta, em 2 de maio de 1810, para Wegeler: "Se eu não tivesse lido em algum lugar que o homem não deveria voluntariamente separar-se da vida enquanto houvesse alguma boa ação para realizar, eu já não estaria mais aqui há muito tempo – e sem dúvida por minha própria conta."

[20] A Wegeler (Nohl, XVIII).

[21] A miniatura de Hornemann, que é de 1802, mostra Beethoven de acordo com a moda da época, com suíças, cabelos à Titus, o ar fatal de um herói byroniano, mas com essa tensão da vontade napoleônica, que nunca desarma.

[22] Sabe-se que a *Sinfonia Eroica* foi escrita para e sobre Bonaparte e que o primeiro manuscrito ainda levava o título: *Buonaparte*. Nesse meio tempo, Beethoven tomou conhecimento da coroação de Napoleão. Ele ficou furioso: "Ele não passa de um homem ordinário!", gritou; e, em sua indignação, rasgou a dedicatória e escreveu este título vingativo e tocante: "*Sinfonia Eroica*... para celebrar a memória de um grande homem". (*Sinfonia Eroica... composta per festeggiare il sovvenire di un grand Uomo*). Schindler conta que, com o passar do tempo, Beethoven renunciou um pouco de seu desprezo por Napoleão; não via nele nada além de um homem infeliz digno de compaixão, um Ícaro precipitado do céu. Quando soube da catástrofe de Santa Helena em 1821, disse: "Dezessete anos atrás escrevi uma música para esse triste acontecimento". Ele gostava de reconhecer na *Marcha Fúnebre* de sua sinfonia um pressentimento do fim trágico do Conquistador. É possível que a *Sinfonia Eroica*, sobretudo seu primeiro trecho, tenha sido, na ideia de Beethoven, um retrato de Bonaparte muito diferente do que de fato realmente era, sem dúvida, mas sim como ele o havia imaginado e como ele teria gostado que fosse: o gênio da Revolução. Beethoven reproduz, aliás, no final da *Eroica* uma das frases principais da partitura que já havia escrito para o herói revolucionário por excelência, o deus da Liberdade: *Prometeu* (1801).

23 Robert de Keudell, ex-embaixador alemão em Roma, *Bismarck e sua família*, 1901, tradução francesa de E.-B. Lang.
Robert de Keudell tocou para Bismarck essa sonata em um piano ruim, em 30 de outubro de 1870, em Versalhes. Bismarck dizia sobre a última frase da obra: "Estas são as lutas e os soluços de uma vida inteira". Preferia Beethoven a todos os outros músicos e, mais de uma vez, afirmou: "Beethoven é o que melhor combina com os meus nervos."

24 A casa de Beethoven ficava perto das fortificações de Viena, que Napoleão explodiu após a tomada da cidade. "Que vida selvagem, nada além de ruínas ao meu redor!" – escreveu Beethoven aos editores Breitkopf e Haertel, em 26 de junho de 1809 – "Apenas tambores, trompetes e misérias de todos os tipos!" Um retrato de Beethoven feito na época nos foi deixado por um francês que o viu em Viena em 1809: o barão de Trémont, auditor do Conselho de Estado. Ele fez uma descrição pitoresca da desordem que reinava no quarto de Beethoven. Ambos conversaram sobre filosofia, religião, política e "especialmente sobre Shakespeare, seu ídolo". Beethoven estava disposto a seguir com Trémont para Paris, onde o Conservatório, segundo soube, já estava executando suas sinfonias e onde ele tinha admiradores entusiastas. (Veja, no *Mercure Musical*, de 1º de maio de 1906, "Uma visita a Beethoven", pelo barão de Trémont, publicado por J. Chantavoine.)

25 Ou, mais exatamente, Theresa Brunswick. Beethoven conheceu os Brunswick em Viena entre 1796 e 1799. Giulietta Guicciardi era prima de Theresa. Beethoven parece ter também se apaixonado, por um tempo, por uma irmã de Theresa, Josephine, que se casou com o conde Deym e, depois, em um segundo casamento, com o barão Stackelberg. Os detalhes mais vivos sobre a família Brunswick podem ser encontrados em um artigo de M. André de Hevesy: "Beethoven et l'Immortelle Bien-aimée" (*Revue de Paris*, 1º e 15 de março de 1910). M. de Hevesy utilizou, para compor seu texto, os diários e os documentos de Theresa preservados em Martonvàsàr, na Hungria. Enquanto descreve a afetuosa intimidade de Beethoven com os Brunswick, ele questiona seu amor por Theresa. Mas seus argumentos não me parecem convincentes; e me reservo a discuti-los algum dia.

26 Mariam Tenger, *Beethoven's unsterbliche Geliebte*, Bonn, 1890.

27 Esta é a admirável atmosfera contida no álbum da esposa de Bach, Anna Madalena (1725), sob o título *Aria di Giovannini*. Sua atribuição a Bach foi discutida.

28 Nohl, *Vida de Beethoven*.

29 Beethoven era, de fato, míope. Ignaz von Seyfried diz que a fraqueza de sua visão foi causada pela varíola, que o obrigou, ainda pequeno, a usar óculos. A miopia deve ter contribuído para o modo "perdido" de seu olhar. Suas cartas de 1823-1824 trazem frequentes queixas sobre seus olhos, que lhes causam sofrimento. Ver os artigos de Christian Kalischer, *Beethovens Augens und Augenleiden* (*Die Musik*, 15 de março a 1º de abril de 1902).

30 Conversa com Schindler.

31 Mas escrita, ao que parece, em Korompa, na casa dos Brunswick.

32 Nohl, *Cartas de Beethoven*, XV.

33 Esse retrato encontra-se hoje na casa de Beethoven em Bonn. Foi reproduzido na *Vida de Beethoven*, de Frimmel, p. 29, e no *Musical Times*, de 15 de dezembro de 1892.

34 A Gleichenstein (Nohl, *Neue Briefe Beethovens*, XXXI).

35 "O coração é a alavanca de tudo o que é grande" (A Giannatasio del Rio – Nohl, CLXXX.).

36 "Os poemas de Goethe me deixam feliz", escreveu ele a Bettina Brentano em 19 de fevereiro de 1811. E alhures: "Goethe e Schiller são meus poetas favoritos, com Ossian e Homero, que infelizmente só posso ler em traduções." (A Breitkopf e Haertel, 8 de agosto de 1809 – Nohl, *Neue Briefe*, LIII.). É digno de nota como, apesar de sua educação

negligenciada, o gosto literário de Beethoven era sofisticado. Além de Goethe, sobre quem diz parecer "grande, majestoso, sempre em *ré maior*", ele amava três homens: Homero, Plutarco e Shakespeare. De Homero, ele preferia a *Odisseia*. Lia frequentemente Shakespeare na tradução alemã, e sabe-se com que trágica grandeza ele traduziu em música *Coriolano* e *A tempestade*. Quanto a Plutarco, alimentou-se dele tal qual os homens da Revolução. Brutus era seu herói, assim como ele era de Michelangelo; tinha uma estatueta dele em seu quarto. Ele amava Platão e sonhava em estabelecer sua República no mundo todo. "Sócrates e Jesus eram meus modelos", disse ele em algum lugar. (Conversações de 1819-1820.)

[37] A Bettina von Armim (Nohl, XCI). A autenticidade das cartas de Beethoven para Bettina, questionada por Schindler, foi defendida por Mortiz Carriere, Nohl e Kalischer. Bettina teve que "embelezá-las" um pouco, mas a essência parece mantida.

[38] "Beethoven", disse Goethe a Zelter, "infelizmente é uma personalidade totalmente indomável. Sem dúvida, ele não está errado em achar o mundo detestável, mas esse não é o meio de torná-lo agradável a si mesmo e aos outros. É preciso desculpá-lo e nos penalizarmos por ele, pois é surdo." Goethe nada fez contra Beethoven, mas também nada fez por ele: manteve um completo silêncio sobre seu trabalho e sobre seu nome. No fundo, ele o admirava, mas temia sua música; ela a perturbava. Ele temia que fizesse com que perdesse a paz da alma, que ele havia conquistado a duras penas e que, ao contrário da opinião comum, não era nada natural para ele. Ele não confessou aos outros, nem talvez a si mesmo. Uma carta do jovem Felix Mendelssohn, que passou por Weimar em 1830, penetra inocentemente nas profundezas dessa alma inquieta e apaixonada (*leidenschaftlicher Sturm una Verworrenheit*, como o próprio Goethe disse), que uma poderosa inteligência dominava. "Primeiro", escreveu Mendelssohn, "ele não queria ouvir falar sobre Beethoven; mas teve que passar por isso e ouvir a primeira parte da *Sinfonia em Dó Menor*, que o agitou estranhamente. Ele não queria demonstrar esse sentimento, e se ateve a me dizer: 'Isso não comove, isso apenas assombra'. Depois de um tempo, continuou: 'É grandioso, insensato; parece que a casa vai desmoronar'. Então veio o jantar, durante o qual ele permaneceu muito pensativo, até o momento em que, voltando a Beethoven, começou a me questionar, a me examinar. Eu bem vi que o efeito foi produzido." (Sobre as relações de Goethe e Beethoven, ver os vários artigos de Frimmel).

[39] Carta de Goethe a Zelter, 2 de setembro de 1812. Zelter para Goethe, 14 de setembro de 1812: "*Auch ich bewundere ihn mit Schrecken.*" ("Eu também o admiro com pavor.") – Zelter escreveu para Goethe em 1819: "Dizem que ele é louco".

[40] É, em todo caso, um assunto no qual Beethoven havia pensado, pois encontramos referências em suas anotações e especialmente em seus projetos para uma *Décima Sinfonia*.

[41] Contemporânea e talvez inspiradora, por vezes, dessas obras foi a sua afetuosa intimidade com a jovem cantora berlinense Amalie Sebald, que conheceu em Teplitz entre 1811 e 1812.

[42] Muito diferente dele, nesse sentido, Schubert escreveu em 1807 uma obra de circunstância, "em honra de Napoleão, o Grande", e ele mesmo dirigiu a execução perante o Imperador.

[43] "Eu não lhes digo nada sobre nossos monarcas e suas monarquias", escreveu ele a Kauka durante o Congresso de Viena. "Para mim, o império do espírito é o mais estimado de todos: é o primeiro de todos os reinos temporais e espirituais" (*Mir ist das geistige Reich das Liebste, und der Oberste aller geistlichen und welilichen Monarchien*).

[44] "Viena, não é para dizer tudo? Todos os traços do protestantismo alemão foram apagados; até mesmo o sotaque nacional foi perdido, italianizado. O espírito alemão, as maneiras e os costumes alemães, explicados por manuais de origem italiana e espanhola... País com uma história falsificada, uma ciência falsificada, uma religião falsificada... Um ceticismo frívolo, que devia arruinar e enterrar o amor à verdade, à honra e à independência!..." (Wagner, *Beethoven*, 1870)

Grillparzer escreveu que era uma desgraça ter nascido austríaco. Os grandes compositores alemães do final do século XIX, que viveram em Viena, sofreram cruelmente com o espírito dessa cidade dada à adoração de Brahms. A vida de Bruckner foi um longo martírio. Hugo Wolf, que lutou furiosamente antes de sucumbir, expressou implacáveis julgamentos sobre Viena.

45 O rei Jerônimo oferecera a Beethoven um salário vitalício de 600 ducados de ouro e um subsídio de viagem de 150 ducados de prata, pela única obrigação de tocar algumas vezes para ele e dirigir seus concertos de música de câmara, que não deveriam ser nem muito longos nem frequentes. (Nohl, XLI X.) Beethoven esteve prestes a partir.

46 O *Tancredo*, de Rossini, foi suficiente para abalar toda a estrutura da música alemã. Bauernfeld, citado por Ehrhard, observa em seu *Journal* este julgamento que circulava nos salões de Viena em 1816: "Mozart e Beethoven são velhos pedantes; a estupidez da época anterior comprovou isso; só depois de Rossini que sabemos o que é uma melodia. *Fidélio* é um lixo; não se entende porque nos damos ao trabalho de ficar entediados." Beethoven deu seu último concerto como pianista em 1814.

47 No mesmo ano, Beethoven perdeu seu irmão Carl: "Ele prezava muito a vida, enquanto eu perderia a minha de bom grado", escreveu ele a Antônia Brentano.

48 Afora sua amizade tocante com a condessa Maria von Erdödy, que também sofria como ele, por ter uma doença incurável e por ter perdido subitamente seu único filho em 1816. Beethoven dedicou a ela, em 1819, seus dois trios, *Opus 70*, e, em 1815-1817, suas duas grandes sonatas de violoncelo, *Opus 102*.

49 Além da surdez, sua saúde piorava a cada dia. Desde outubro de 1816, ele passou a sentir-se muito doente com um catarro inflamatório. No verão de 1817, seu médico disse que era uma doença no peito. No inverno de 1817-1818, ele ficou atormentado com essa suposta tuberculose. Depois houve um reumatismo agudo em 1820-1821, uma icterícia em 1821, uma conjuntivite em 1823.

50 Note que esse ano marca uma mudança de estilo em sua música, inaugurada com a *Sonata Opus 101*. Os cadernos de conversação de Beethoven, compostos por mais de 11.000 páginas manuscritas, estão reunidos hoje na Biblioteca Real de Berlim.

51 Schindler, que se tornou íntimo de Beethoven a partir de 1819, esteve em contato com ele desde 1814; mas Beethoven teve muita dificuldade em conceder-lhe sua amizade. A princípio, Beethoven tratou-o com uma distância desdenhosa.

52 Veja as admiráveis páginas de Wagner sobre a surdez de Beethoven (*Beethoven*, 1870).

53 Ele amava os animais e tinha pena deles. A mãe do historiador Von Frimmel contou que nutriu por muito tempo um ódio involuntário por Beethoven porque, quando era pequena, ele afugentava com o lenço todas as borboletas que queria pegar.

54 Ele sempre esteve mal acomodado. Em 35 anos, ele mudou 30 vezes de residência em Viena.

55 Beethoven havia se dirigido pessoalmente a Cherubini, que era "de seus contemporâneos o que ele mais estimava". (Nohl, *Cartas a Beethoven*, CCL). Cherubini não respondeu.

56 "Eu nunca me vingo", ele escreveu para a sra. Streicher. "Quando sou forçado a agir contra outros homens, não faço senão apenas o que é necessário para me defender ou impedir que me façam mal."

57 Nohl, CCCXLIII.

58 Nohl, CCCXIV.

59 Nohl, CCCLXX.

60 Nohl, CCCLXII-LXVII. Uma carta, encontrada em Berlim por M. Kalischer, mostra quão apaixonadamente Beethoven queria transformar seu sobrinho "em cidadão útil para o Estado". (1º de fevereiro de 1819.)

Notas 203

61 Schindler, que o viu então, disse que de repente ele se parecia com um velho de 70 anos, desanimado, sem força, sem vontade. Ele estaria morto se Karl morresse. E morreu alguns meses depois de sua tentativa de suicídio.

62 O diletantismo do nosso tempo não deixou de procurar reabilitar esse indolente. Isso não surpreende.

63 Carta de Fischenich a Charlotte Schiller (janeiro de 1793). A *Ode* de Schiller foi escrita em 1785. O tema atual aparece em 1808 em *Fantasia para Piano, Orquestra e Coro, Opus 80*, e, em 1810, no *Lied*, nas palavras de Goethe: *Kleine Blumen, kleine Blaetter*. – Eu vi em um caderno de 1812, pertencente ao dr. Erich Prieger, em Bonn, entre os esboços da *Sétima Sinfonia* e um projeto de *Abertura de Macbeth*, um ensaio de adaptação das palavras de Schiller ao tema que ele usou mais tarde na *Abertura, Opus 115* (*Namensfeier*). Alguns dos motivos instrumentais da *Nona Sinfonia* aparecem antes de 1815. Finalmente, o tema definitivo da *Alegria* é observado em 1822, assim como todas as outras melodias da *Sinfonia*, exceto o trio, que vem logo depois, seguido do *andante moderato*, e, finalmente, o *adagio*, que aparece por último.

Sobre o poema de Schiller, e a falsa interpretação que se quis dar em nosso tempo, substituindo a palavra *Freude* (Alegria) pela palavra *Freiheit* (Liberdade), veja o artigo de Charles Andler em *Pages Libres* (8 de julho de 1905).

64 Biblioteca de Berlim.

65 *Also ganz so als ständen Worte darunter.* ("Como se houvesse palavras por baixo.")

66 A *Missa em Ré, Opus 123*.

67 Beethoven, exausto por problemas domésticos, miséria e preocupações de todo tipo, escreveu em cinco anos, de 1816 a 1821, apenas três obras para piano (*Opus 101, 102, 106*). Seus inimigos disseram que tinha se esgotado. Ele voltou a trabalhar em 1821.

68 Fevereiro de 1824. Assinaram: príncipe K. Lichnowsky, conde Moritz Lichnowsky, conde Moritz von Fries, conde M. von Dietrichstein, conde F. de Palfy, conde Czernin, Ignaz Franz von Mosel, Carl Czerny, abade Stadler, A. Diabelli, Artaria e C., Steiner e C., Streicher, Zmeskall, Kiesewetter etc.

69 "Meu caráter moral é reconhecido publicamente", disse Beethoven orgulhosamente ao município de Viena em 1º de fevereiro de 1819, para reivindicar seu direito de tutela de seu sobrinho. "Até mesmo escritores ilustres, como Weissenbach, julgaram valer a pena escrever sobre o assunto."

70 Em agosto de 1824, ele estava assombrado pelo medo de morrer repentinamente de um ataque, "como meu querido avô, com quem muito me pareço", escreveu ele em 16 de agosto de 1824 ao dr. Bach. Ele sofreu muito com o estômago. Esteve muito doente durante o inverno de 1824-1825. Em maio de 1825, escarrou sangue e teve hemorragias nasais. Em 9 de junho de 1825, escreveu ao sobrinho: "Minha fraqueza muitas vezes chega ao extremo... O homem com a foice não demorará a chegar".

71 A *Nona Sinfonia* foi executava pela primeira vez na Alemanha, em Frankfurt, em 1º de abril de 1825; em Londres, em 25 de março de 1825; em Paris, no Conservatório, em 27 de março de 1831. Mendelssohn, então com 17 anos, fez uma audição tocando-a ao piano na Jaegerhalle de Berlim em 14 de novembro de 1826. Wagner, um estudante de Leipzig, copiou-a inteiramente à mão; e, em uma carta de 6 de outubro de 1830 ao editor Schott, oferece-lhe uma redução da sinfonia para piano a duas mãos. Pode-se dizer que a *Nona Sinfonia* decidiu a vida de Wagner.

72 "Apolo e as Musas não hão de querer me entregar já à morte; porque eu ainda lhes devo muito! É necessário que, antes da minha partida para Champs-Elysées, eu deixe aqui o que o Espírito me inspira e me diz para terminar. Parece-me que mal escrevi algumas notas." (Aos irmãos Schott, 17 de setembro de 1824. – Nohl, *Neue Briefe*, CCLXXII.)

204 🎵 *Beethoven*

[73] Beethoven escreveu a Moscheles em 18 de março de 1827: "Uma sinfonia inteiramente esboçada está sobre a minha mesa, com uma nova abertura". Tal esboço nunca foi encontrado. É apenas possível ler em suas anotações:

"*Adagio* canto. – Canto religioso para uma sinfonia em moldes antigos (*Herr Gott dich loben wir – Alleluja*), seja independente ou como introdução a uma fuga. Essa sinfonia poderia ser caracterizada pela entrada das vozes, seja no *finale* ou no *adagio*. Os violinos da orquestra etc., se intensificariam nos últimos movimentos. Fazer entrar as vozes uma por uma; ou, de certo modo, repetir o *adagio* nos últimos movimentos. Para o texto do *adagio*, um mito grego, ou uma canção eclesiástica no *allegro*, celebrando Baco" (1818).

Como se vê, a conclusão coral foi então reservada para a *Décima* e não para a *Nona Sinfonia*. Mais tarde, ele diz que quer realizar em sua *Décima Sinfonia* "a reconciliação do mundo moderno com o mundo antigo, o que Goethe havia tentado em seu *Segundo Fausto*".

[74] O assunto é a lenda de um cavaleiro apaixonado e cativo de uma fada, que sofre de nostalgia pela liberdade. Existem analogias entre esse poema e o *Tannhäuser*. Beethoven trabalhou nisso de 1823 a 1826 (ver A. Ehrhard, *Franz Grillparzer*, 1900).

[75] Beethoven tinha, desde 1808, o propósito de escrever a música de *Fausto*. (A primeira parte do *Fausto* tinha acabado de aparecer, sob o título de "Tragédia", no outono de 1807.) Esse era o seu projeto mais querido. ("*Was mir und der Kunst das Hoechste ist.*")

[76] "O Sul da França! lá está! lá está! (*Südliches Frankreich, dahin! dahin!*) (caderneta da Biblioteca de Berlim.) "[...] Partir daqui. Com essa condição você conseguirá alcançar novamente os altos patamares de sua arte... Uma sinfonia, depois partir, partir, partir... Verão, trabalhar para a viagem... Percorrer a Itália, Sicília, com algum outro artista..." (Id.).

[77] Em 1819, ele quase foi processado pela polícia por dizer em voz alta que "afinal, Cristo era apenas um judeu crucificado". Ele estava escrevendo a *Missa em Ré*. É o suficiente para entender a liberdade de seu pensamento religioso. (Veja, para os pontos de vista sobre religiosidade de Beethoven, Theodor von Frimmel, *Beethoven*, 3. ed., Verlag Harmonie; e *Beethoveniana*, Georg Müller, volume II, capítulo Blöchinger.) Não menos livre na política, Beethoven corajosamente atacou os preconceitos e vícios do governo. Ele censurava, entre outras coisas, a organização da justiça, arbitrária e servil, entravada por um longo processo; as perseguições policiais; a burocracia exagerada e inerte, que matava a iniciativa individual e paralisava a ação; os privilégios de uma aristocracia degenerada, que se considerava exclusivamente a única detentora dos mais altos cargos públicos. Suas simpatias políticas pareciam ser, então, para a Inglaterra.

[78] A tentativa de suicídio de seu sobrinho.

[79] Ver "*Dernière maladie et la mort de Beethoven*", um artigo do dr. Klotz-Forest, no *Chronique médicale* de 1º a 15 de abril de 1906. Têm-se ainda informações bastante precisas no *Cahiers de conversation*, no qual se encontram as perguntas do médico e a história contada por ele (dr. Wawruch), publicada sob o título "Aerztlicher Rückblick auf LVB letzte Lebenstage", no *Wiener Zeitschrift* em 1842 (datado de 20 de maio de 1827).

A doença teve duas fases: 1) acidentes pulmonares, que pareceram melhor após seis dias. "No sétimo dia, ele se sentiu bem o suficiente para se levantar, andar, ler e escrever"; 2) distúrbios digestivos agravados por distúrbios circulatórios. "No oitavo dia, encontrei-o enfraquecido, seu corpo estava todo amarelo. Um violento acesso de diarreia, agravado por vômito, quase o matou durante a noite." A partir de então, a hidropisia se desenvolveu. Essa recaída teve causas emocionais que são pouco conhecidas. "Uma raiva violenta, um sofrimento profundo causado pela ingratidão que ele havia sofrido e por uma injúria que não merecia, causaram essa explosão", disse o dr. Wawruch. "Trêmulo e com calafrios, ele estava subjugado pela dor que lhe rasgava as entranhas."

Resumindo as várias observações, o dr. Klotz-Forest diagnosticou, após uma congestão pulmonar, uma cirrose atrófica de Laennec (doença hepática), com ascite e edema dos membros inferiores. Ele acredita que a ingestão imoderada de bebidas alcoólicas contribuiu para esse quadro. Essa era também a opinião do dr. Malfatti: "*Sedebat et bibebat*".

[80] As *Memórias* do cantor Ludwig Cramolini contam uma comovente visita a Beethoven durante sua convalescença, na qual Beethoven mostrou uma serenidade e bondade tocantes (ver *Frankfurter Zeitung* de 29 de setembro de 1907).

[81] As operações ocorreram nos dias 20 de dezembro, 8 de janeiro, 2 de fevereiro e 27 de fevereiro. "O pobre homem em seu leito de morte era devorado por percevejos." (Carta de Gerhard von Breuning).

[82] O jovem músico Anselm Iltittenbrenner.
"Deus seja louvado!", escreveu Breuning, "Agradeço-O por ter posto fim a este longo e doloroso martírio."
Todos os manuscritos, livros e móveis de Beethoven foram leiloados por 1.575 florins. O catálogo incluía 252 manuscritos e livros musicais, que não excederam a soma de 982 florins e 37 *Kreutzer*. Os *Cahiers de conversation* e os *Tagebücher* foram vendidos por 1 florin e 20 *Kreutzer*. Entre seus livros, Beethoven possuía: Kant, *Naturgeschichte und Theorie des Himmels*; Bode, *Anleitung zur Kenntnis des gestirnten Rimmels*; Thomas von Kempis, *Nachfolge Christi*. A censura apreendeu: Seume, *Spaziergang nach Syrakus*; Kotzebue, *Ueber den Adel*; e Fessier, *Ansichten von Religion und Kirchentum*.

[83] "Sinto-me feliz sempre que supero alguma dificuldade." (Carta à Amada Imortal.) – "Eu gostaria de viver mil vezes a vida... Não sou feito para uma vida tranquila." (A Wegeler, 16 de novembro de 1801).

[84] "Beethoven me ensinou a ciência da natureza e me orientou nesse estudo, assim como no da música. Não eram as leis da natureza, mas seu poder elementar que o encantava." (Schindler).

[85] "Oh!, é tão bonita a vida; mas a minha está para sempre *envenenada* (*vergiftet*)" (Carta de 2 de maio de 1810, a Wegeler).

[86] Heiligenstadt é um subúrbio de Viena, onde Beethoven passou algum tempo.

[87] O nome foi esquecido no manuscrito. As palavras em itálico estão sublinhadas no texto.

[88] Gostaria de, a propósito dessa queixa dolorosa, fazer uma observação que, acredito, nunca foi feita. Sabe-se que, no final da segunda parte da *Sinfonia Pastoral*, a orquestra toca o canto do rouxinol, do cuco e da codorna; e pode-se dizer, além disso, que a *Sinfonia* está quase inteiramente tecida com cantos e murmúrios da natureza. Os críticos muito debateram se deviam ou não aprovar esses ensaios de música imitativa. Nenhum deles notou que Beethoven não imitava coisa alguma, já que ele não ouvia nada: ele estava recriando mentalmente um mundo que morrera para ele. É isso que torna essa evocação de pássaros mais tocante. Era o único meio que lhe restou para ouvi-los era fazê-los cantar nele.

Tradução
Lilian Aquino

OS AUTORES

João Maurício Galindo é bacharel em Música pela Unesp, pós-graduado pela USP. Foi violista da Osesp e violista convidado da Orquestra de Câmara de Heidelberg, com a qual realizou três turnês pela Europa com concertos pela Suíça, Alemanha, França, Espanha e Portugal. É cocriador e maestro da série de concertos infantis *O aprendiz de maestro*, realizada na Sala São Paulo desde 2000, e apresenta dois programas sobre música de concerto na Rádio Cultura FM, o *Pergunte ao Maestro* e o *Encontro com o Maestro*.

Romain Rolland, nascido na França em 1866, escritor e musicólogo, formou-se em História em 1889 e doutorou-se em Arte em 1895. Foi professor de História da Arte na École Normale de Paris e de História da Música na Sorbonne. A partir de 1912, passa a se dedicar exclusivamente à escrita. Autor de dezenas de obras, entre romances, biografias, ensaios e peças de teatro, foi laureado com o prêmio Nobel de Literatura no ano de 1915. Faleceu em 1944.

GRÁFICA PAYM
Tel. [11] 4392-3344
paym@graficapaym.com.br